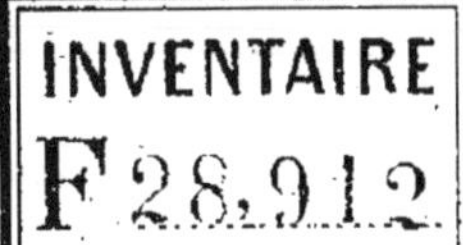

LE SERVICE MILITAIRE EN FRANCE

MANUEL

à l'usage

DE TOUS LES FRANÇAIS
SOUMIS A LA LOI SUR LE RECRUTEMENT,
et spécialement
DES OFFICIERS DE TOUT GRADE DES ARMÉES DE TERRE ET DE MER,
DES PRÉFETS, DES SOUS-PRÉFETS ET DES MAIRES.

PAR

L. BEAUGÉ,

Capitaine au 3e de ligne, ex-Chef de bataillon au 43e d'infanterie.

NICE

TYPOGRAPHIE ET LIBRAIRIE S. C. CAUVIN ET Cie,

6, *rue de la Préfecture*, 6.

1874

LE

SERVICE MILITAIRE

EN FRANCE.

LE

SERVICE MILITAIRE

EN FRANCE

MANUEL

à l'usage

DE TOUS LES FRANÇAIS
SOUMIS A LA LOI SUR LE RECRUTEMENT,
et spécialement
DES OFFICIERS DE TOUT GRADE DES ARMÉES DE TERRE ET DE MER,
DES PRÉFETS, DES SOUS-PRÉFETS ET DES MAIRES.

PAR

L. BEAUGÉ,

Capitaine au 3e de ligne, ex-Chef de bataillon au 43e d'infanterie.

NICE

TYPOGRAPHIE ET LIBRAIRIE S. C. CAUVIN ET Ce,
6, *rue de la Préfecture*, 6.

1874

AVANT-PROPOS.

En attendant que la réorganisation des services administratifs me permette de faire réimprimer mon MANUEL de législation et d'administration militaires, j'ai pensé qu'il serait utile de publier « *le Service militaire en France,* » et « *les Écoles militaires* » :

1° Pour mettre les possesseurs du Manuel au courant des modifications survenues dans la législation militaire depuis 1871 ;

2° Pour vulgariser les lois et les règlements militaires, comme il convient dans un pays de service obligatoire et personnel.

Je pense que l'on ne saurait trop vulgariser les lois militaires, faire connaître à chaque Français son devoir envers l'État. La connaissance des lois et des règles les fait aimer; elle en facilite l'application à tous les degrés ; rend le fonctionnement des services publics plus facile; évite au fonctionnaire des tâtonnements et des erreurs ; au citoyen des plaintes et des sollicitations pénibles pour ceux qui les formulent et toujours ennuyeuses pour ceux qui les reçoivent.

Cela s'applique surtout au recrutement de l'armée. Insister me semble superflu.

Avec le « Service militaire » chacun connaîtra ses obligations envers l'État, l'enchaînement des différentes opérations des levées annuelles et des appels des différentes catégories du contingent et des réserves, ses droits aux dispenses, etc., surtout les pièces à produire pour la justification du droit et les démarches à faire auprès des autorités compétentes ; on acquerra ainsi une certaine indépendance vis-à-vis de fonctionnaires que de nombreuses occupations ne rendent pas toujours accessibles aux solliciteurs ni aux quêteurs de renseignements.

En outre, toutes les personnes appelées à faire partie de la force publique connaîtront la base de notre organisation militaire, la composition des éléments de nos armées et les destinations qu'ils reçoivent pendant les vingt années que dure le service.

Avec les « Écoles militaires » les jeunes gens qui, trop souvent, étaient découragés par la fausse direction des démarches qu'ils ont à faire et l'ignorance des programmes et des pièces à produire pour se présenter aux examens, pour obtenir des bourses, etc., seront débarrassés de ce souci et pourront préparer leurs études longtemps à l'avance.

Quand chacun saura que les bourses sont dues aux candidats ayant obtenu le meilleur classement et qui justifient de l'insuffisance de leur fortune, le nombre des concurrents augmentera, le choix des examinateurs s'exercera sur un plus grand nombre de sujets, et l'État et l'armée y gagneront des élèves d'une capacité plus grande.

Ce dernier ouvrage sera utile aussi à tous les militaires qui désirent connaître ou étudier l'organisation de l'armée, et notamment à ceux qui sont appelés à diriger, à inspecter ou à administrer les écoles militaires ou les écoles régimentaires ; aux chefs des corps de troupe qui doivent présenter des candidats, et aux officiers qui ont à autoriser, à payer ou à contrôler les dépenses.

L. BEAUGÉ.

TABLEAU SYNOPTIQUE.

Pages.

ABRÉVIATIONS ET EXPLICATIONS.

A. *signifie* arrêté.
A. M. — arrêté ministériel.
C. M. — circulaire ministérielle.
Cav. — cavalerie.
D. — décret.
D. I. — décision impériale.
D. M. — décision ministérielle.
D. P. — décision présidentielle.
D. R. — décision royale.
I. *ou* Inst. — instruction.
Inf. — infanterie.
I. prov. — instruction provisoire.
J. M. — Journal militaire officiel.
J. M. t. III, p. 7. Id. t. III de la nouvelle édit., page 7. La nouvelle édition s'arrête au 31 déc. 1872. Les matières y sont disposées par ordre de date; il suffira donc de la date du document pour le trouver immédiatement.
J. M. 1-63, 210; *ou simplement* 1-73, 36; 2-50, 35, *sont mis pour* : Journal militaire officiel, 1er semestre de l'année 1863, p. 210, etc., etc. Nous avons jugé convenable de citer quelques documents qui n'ont pas été reproduits dans la nouvelle édition dudit recueil. Enfin nous croyons devoir faire observer qu'à partir du 1er janvier 1873, les matières ne sont plus disposées par ordre de date dans le Journal militaire.
L. *signifie* loi.
L. M. — lettre ministérielle.
Mod. — modèle.
N. M. — note ministérielle.
O. *ou* Ord. — ordonnance.
R. *ou* Rég. — règlement.
S. M. — solution ministérielle.
V. — voyez.

Les numéros placés entre parenthèses ou à la fin de certains alinéas renvoient aux articles correspondants du présent ouvrage. Il conviendra souvent de s'y reporter pour suivre la question dans tout son développement.

LE SERVICE MILITAIRE EN FRANCE.

CHAPITRE I.

DU SERVICE MILITAIRE (1).

Règles générales.

1. — Tout Français doit le service militaire personnel.

2. — Les étrangers naturalisés et les individus déclarés Français sont soumis aux obligations de la loi sur le recrutement dès qu'ils ont acquis la qualité de Français. (*V. Code civil art.* 9, *loi du* 7 *février* 1851, *au Journal militaire* 2e *s.* 1872, *p.* 652 *et* 653.) — 60.

3. — Sauf les exceptions qui seront énumérées ci-après, le service est fait de la manière suivante :

Dans l'armée active pendant cinq ans ;

Dans la réserve de cette armée pendant quatre ans (deux ans seulement pour les hommes provenant de l'armée de mer);

Dans l'armée territoriale pendant cinq ans au moins ;

Dans la réserve de cette armée pendant six ans.

4. — La durée du service compte du 1er juillet de l'année du tirage au sort. — 70.

5. — Ne peut compter pour le service exigé, le temps (2) :

Pendant lequel le jeune soldat ou l'engagé a été insoumis ;

Passé en désertion, depuis le jour du manquement à l'appel jusqu'à celui de la rentrée dans les rangs de l'armée à l'expiration de la peine, ou par suite de grâce ; c'est-à-dire jusqu'au jour où le condamné a reçu une feuille de route pour rejoindre librement son corps, ou jusqu'à celui de sa rentrée au corps s'il n'a pas eu à voyager en sortant de prison. — Les déserteurs et les insoumis qui n'ont pas été traduits en jugement ainsi que ceux qui ont été acquittés n'éprouvent aucune interruption ;

Passé en prison à la suite d'une condamnation correctionnelle depuis le 1er juillet de l'année de l'immatriculation au bureau de recrutement, pour le jeune appelé qui se trouve détenu à cette époque ; si la détention est postérieure au 1er juillet, le temps écoulé depuis le commencement de cette détention ; et dans les deux cas jusqu'au jour de la mise en route pour rejoindre ;

Passé en prison pour tout militaire condamné, soit par un tribunal civil, soit par un tribunal militaire ;

Ecoulé depuis le jour de la cessation des services, fonctions ou études qui avaient fait accorder une dispense, jusqu'au moment de la déclaration à laquelle le dispensé est obligé par la loi. — 15.

---

(1) Lois du 27 juillet 1872, J. M. p. 135 ; — 9 mars 1831, J. M. 1er vol. p. 339. — — D. 21 avril 1866, J. M. p. 125.

(2) I. M. 1er septembre 1833, J. M. p. 123.

Mais on déduit du nombre d'années pendant lesquelles tout Français fait partie de l'armée active, le temps déjà passé au service de l'Etat, par les marins inscrits et par les jeunes gens liés au service des armées de terre et de mer, en vertu d'un brevet ou d'une commission.

6. — Il n'y a dans les troupes françaises ni prime en argent, ni prix quelconque d'engagement.

7. — Nul n'est admis dans les troupes françaises s'il n'est Français.

Exceptions.

CORPS ÉTRANGERS.

8. — Il peut être formé, dans l'intérieur de la République, une légion d'étrangers pour être employée *hors du territoire* continental de la France; et les généraux en chef, commandant les pays occupés par les armées françaises hors de ce territoire, peuvent être autorisés à former des corps militaires composés d'indigènes et d'étrangers.

En outre, les indigènes de l'Algérie sont admis à s'engager dans les corps indigènes de cette colonie, et ces corps font partie de l'armée française.

DE L'EXCLUSION DU SERVICE.

9. — Sont exclus du service militaire et ne peuvent, à aucun titre, servir dans l'armée :

1° Les individus qui ont été condamnés à une peine afflictive ou infamante;

2° Ceux qui, ayant été condamnés à une peine correctionnelle de deux ans d'emprisonnement et au-dessus, ont en outre été placés par le jugement de condamnation sous la surveillance de la haute police et interdits, en tout ou en partie, des droits civiques, civils ou de famille.

DE L'EXEMPTION (1).

10. — Sont exemptés du service militaire : 1° les jeunes gens que leurs infirmités rendent impropres à tout service actif ou auxiliaire dans l'armée; — 18.

2° Les engagés volontaires réformés par congé numéro 1 (381) avant le tirage de leur classe. — 110.

DES DISPENSES (2).

11. — La loi a déterminé plusieurs cas et plusieurs sortes de dispenses. On distingue : la dispense du service d'activité en temps de paix; la dispense à titre conditionnel du service militaire; la dispense à titre provisoire; enfin la dispense sauf classement dans le service auxiliaire. — 109.

---

(1) I. 28 avril 1873, J. M. p. 515. V. l'instruction du conseil de santé des armées devant servir de guide aux médecins, en date du 3 avril 1873, J. M. p. 479 et ci-après art. 125.

(2) I. 28 avril 1873, J. M. p. 518.

Du service d'activité en temps de paix.

12. — Sont dispensés du service d'activité en temps de paix :

I. — *L'aîné d'orphelins de père et de mère,* s'il justifie qu'il n'existe pas d'enfant mâle plus âgé que lui, et qu'il a un ou plusieurs frères, une ou plusieurs sœurs, nés après lui.

L'aîné d'orphelins dont les grands-pères paternels ou maternels vivent encore, a droit au bénéfice de cette disposition.

Y ont également droit :

1° Celui qui a un ou plusieurs frères, une ou plusieurs sœurs du même lit, alors même que la mère serait décédée après un second mariage et que le second mari serait encore vivant ;

2° Celui qui a une sœur plus jeune que lui, même si elle est mariée.

N'y ont pas droit :

1° Le jeune homme qui n'a que des sœurs plus âgées que lui ;

2° Celui qui est seul survivant d'un premier lit et dont les frères ou sœurs d'un second lit ont conservé leur mère.

II. — *Le fils unique ou l'aîné des fils,* ou à défaut de fils ou de gendre, *le petit-fils unique ou l'aîné des petits-fils* d'une femme actuellement veuve ou d'une femme dont le mari a été *légalement déclaré* absent, ou d'un père aveugle ou entré dans sa soixante-dixième année.

Le fils aîné ou unique d'un deuxième lit dont le père est décédé a droit à la dispense, à titre de fils de veuve, alors même qu'il aurait des frères consanguins plus âgés que lui.

La dispense est due au petit-fils d'une femme veuve dont le gendre vit encore, mais est veuf sans enfant ; elle n'est pas due au fils d'une femme veuve remariée, quand bien même le second mari serait septuagénaire ou aveugle.

Elle n'est pas due à un jeune homme dont la grand'mère a un fils ou un gendre impotent.

Le puîné d'une famille a droit à la dispense dans les cas indiqués aux paragraphes I et II ci-dessus :

1° Lorsque son frère aîné est aveugle ou atteint d'une infirmité qui le rend impotent ; alors même que celui-ci aurait été, lors des opérations de sa classe, reconnu propre au service et dispensé à l'un des titres énoncés dans ces mêmes paragraphes. — 104, 331.

2° Lorsque le frère aîné d'orphelins de père et de mère étant impotent, il n'existe pas d'autre frère ou sœur.

Quand les causes des dispenses I et II ci-dessus viennent à cesser, les dispensés sont soumis à toutes les obligations de la classe à laquelle ils appartiennent. — 341.

III. — *Le plus âgé des deux frères appelés à faire partie du même tirage,* si le plus jeune est reconnu propre au service.

De deux frères jumeaux, le plus âgé est celui qui, d'après son acte de naissance ou une enquête faite sur les lieux, est venu au monde le premier.

La dispense ne saurait être accordée si le plus jeune ne se présentait pas, ou s'il était ajourné (20), ou s'il était dans le cas d'être dispensé à titre conditionnel. — 14.

Dans le cas, toutefois, où le frère cadet serait déclaré propre au service armé, à l'expiration de l'ajournement, l'aîné serait renvoyé dans ses foyers en disponibilité. — 331.

La disposition de l'alinéa qui précède est applicable au cas où les deux frères auraient pris part au tirage comme omis d'une même classe.

IV. — *Celui dont un frère est dans l'armée active.* Lorsque deux frères concourant au même tirage justifient de la présence d'un autre frère sous les drapeaux, cette justification n'a d'objet que pour le cas où l'un des frères serait reconnu impropre au service ou ajourné à un an. Dans aucun cas, en effet, le plus jeune des deux frères concourant au même tirage ne saurait bénéficier de la dispense indiquée ici (§ IV), quand il la procure lui-même à son frère aîné, en vertu du § III ci-dessus.

La dispense est due :

1° Au frère de l'homme lié au service à un titre qui l'oblige à demeurer cinq années sous les drapeaux (1). Cette disposition est applicable au frère d'un jeune homme engagé pour cinq ans seulement avant le 1er janvier 1873, mais non au frère d'un remplaçant, ni à celui d'un engagé volontaire pour la durée de la guerre ou pour un an. (*Article* 16 *du décret du* 1er *décembre* 1872, *J. M. p.* 781.)

2° Au frère du gendarme commissionné par le Ministre ;

3° Au frère de l'officier (2) dans quelque position, d'ailleurs, qu'il se trouve, sauf le cas de mise en réforme par mesure disciplinaire ;

4° Au frère de l'inscrit maritime, pendant les cinq années que passe dans l'armée active la classe avec laquelle il a concouru au tirage ;

5° Au frère du militaire qui est retenu au drapeau postérieurement à l'époque où, d'après la loi, il aurait dû passer soit dans la première réserve, soit dans l'armée territoriale. — 16.

---

(1) Les sous-officiers, les caporaux ou brigadiers et soldats des corps de troupe composant les armées de terre ou de mer sont considérés comme présents sous les drapeaux lorsqu'ils se trouvent dans l'une des positions suivantes :
A leur corps ou en mission,
En congé de semestre, de convalescence ou temporaire,
En permission d'absence,
En route pour rejoindre.

(2) La qualification d'officier est due :

Pour l'armée de terre :

Aux adjudants d'administration (bureaux de l'intendance, hôpitaux, subsistances, habillement et campement, justice) ;
Aux chefs et sous-chefs ouvriers d'état du génie;
Aux gardes du génie et de l'artillerie;
Aux contrôleurs d'armes;
Aux chefs de musique;
Aux aides vétérinaires.

Pour l'armée de mer :

Aux aspirants de 1re classe ;
Aux aides-commissaires ;
Aux aides-médecins et pharmaciens;
Aux sous-ingénieurs de 3e classe et aux élèves de l'école d'application du génie.

Elle doit être refusée à celui dont le frère est :

1° Désigné pour passer dans la disponibilité;

2° Inscrit sur les contrôles de la disponibilité ou de la réserve;

3° Rentré au drapeau, après avoir été envoyé en disponibilité;

4° Ajourné ou classé dans le service auxiliaire. (*V. en outre* 17.)

Le militaire détenu en vertu d'un jugement ne confère pas la dispense, mais le droit revit à l'expiration de sa peine. (*V.* 14 *et* 16.)

V. — *Celui dont un frère est mort en activité de service ou a été réformé ou admis à la retraite* pour blessures reçues dans un service commandé ou pour infirmités contractées dans les armées de terre et de mer, alors qu'il se trouvait dans une des positions qui lui eût permis de conférer la dispense aux termes du paragraphe IV ci-dessus.

La dispense est due :

1° Au frère du militaire disparu ou présumé mort aux armées;

2° Au frère d'un militaire réformé ou retraité pour les causes indiquées ci-dessus, quand bien même ce militaire ne serait plus vivant;

3° Au frère d'un remplaçant mort, réformé ou retraité pour les causes indiquées ci-dessus;

4° Au frère de l'engagé conditionnel d'un an ou du jeune soldat assimilé à cet engagé, ou du jeune soldat appartenant à la 2e portion d'une classe, ou du jeune homme placé dans la disponibilité ou dans le service auxiliaire, ou dans la 1re réserve, s'ils sont morts dans leurs foyers des suites d'une maladie notoirement contractée pendant leur séjour sous les drapeaux;

5° Au frère de l'homme qui, étant lié au service pour sept ans, en vertu de la loi du 21 mars 1832, a été, après incorporation, inscrit dans la réserve ou envoyé en disponibilité, et qui est mort dans cette position avant l'époque où devait expirer son service légal;

6° Au frère de l'inscrit maritime non lié au service en vertu de la loi sur le recrutement, pourvu seulement qu'il soit mort *au service de l'Etat*, ou des suites de blessures reçues ou d'infirmités contractées dans ce service.

La dispense accordée d'après les paragraphes IV et V ci-dessus n'est appliquée qu'à un seul frère pour un même cas; mais elle se répète dans la même famille autant de fois que les mêmes droits s'y reproduisent.

Un militaire ne peut, durant tout le cours de son service, conférer qu'une seule dispense, soit par le fait de sa présence au drapeau, soit par le fait de son décès, de sa réforme ou de son admission à la retraite.

13. — Les causes de dispenses doivent, pour produire leur effet, exister au jour où le conseil de révision est appelé à statuer. Elles ne s'appliquent qu'aux enfants légitimes, légitimés ou adoptifs. — 121.

Les ajournés reconnus propres au service armé profitent des droits existant au jour où le conseil de révision est appelé à statuer à leur égard quand même ces droits seraient survenus postérieurement à l'ajournement. Cette règle est encore applicable à ceux des ajournés qui se trouvent dans les positions numérotées 3°, 4° ou 7° de l'art. 14 ci-après.

Par contre ils ne peuvent invoquer les droits qu'ils avaient à revendiquer l'année précédente, si ces droits ont cessé d'exister.

Ceux qui, après avoir été ajournés une première année, sont dans le cas de faire valoir les causes de dispense comprises dans les paragraphes 1°, 2°, 5° ou 6° de l'art. 14 ci-après doivent produire les pièces exigées. S'ils n'ont pas souscrit et fait accepter leur engagement en temps utile par le recteur de l'Académie, ils peuvent être maintenus dans leurs foyers en vertu de décisions ministérielles prises sur la proposition des préfets. (*C. M.* 19 *mars* 1874, *J. M. p.* 222.)

A titre conditionnel du service militaire.

14. — Sont, à titre conditionnel, dispensés du service militaire :

1° Les membres de l'instruction publique, les élèves de l'Ecole normale supérieure de Paris, dont l'engagement de se vouer pendant dix ans à la carrière de l'enseignement a été accepté par le recteur de l'Académie *avant le tirage au sort*, et s'ils réalisent cet engagement. (*V. au J. M.* 1-73, 527, *le modèle de cette sorte d'engagement*);

2° Les professeurs des institutions nationales des sourds-muets et des institutions nationales des jeunes aveugles, aux mêmes conditions que les membres de l'instruction publique;

3° Les artistes qui ont remporté les grands prix de l'Institut, à condition qu'ils passeront à l'Ecole de Rome les années réglementaires et rempliront toutes leurs obligations envers l'Etat;

4° Les élèves pensionnaires de l'Ecole des langues orientales vivantes et les élèves de l'Ecole des chartes nommés après examen, à condition de passer dix ans tant dans lesdites écoles que dans un service public;

5° Les membres et novices des associations religieuses vouées à l'enseignement et reconnues comme établissements d'utilité publique, et les directeurs, maîtres adjoints, élèves-maîtres des écoles fondées ou entretenues par les associations laïques, lorsqu'elles remplissent les mêmes conditions; pourvu toutefois que les uns et les autres, avant le tirage au sort, aient pris devant le recteur de l'Académie l'engagement de se consacrer pendant dix ans à l'enseignement et s'ils réalisent cet engagement dans un des établissements de l'association religieuse ou laïque, à condition que cet établissement existe depuis plus de deux ans ou renferme trente élèves au moins. (*V. au J. M.* 1-73, 528 *le modèle de l'engagement*);

6° Les jeunes gens qui, sans être compris dans les paragraphes précédents, se trouvent dans les cas prévus par l'article 79 de la loi du 15 mars 1850 et par l'article 18 de celle du 10 avril 1867 (1) et

(1) V. ces articles de lois au J. M. 1-68, 255. Ces lois sont relatives à l'enseignement.

ont, avant l'époque fixée pour le tirage, contracté devant le recteur le même engagement et aux mêmes conditions.

L'engagement de se vouer pendant dix ans à l'enseignement peut être réalisé par les instituteurs et par les instituteurs adjoints mentionnés au présent paragraphe (6°) tant dans les écoles publiques que dans les écoles libres désignées à cet effet par le Ministre de l'instruction publique, après avis du conseil départemental;

7° Les élèves ecclésiastiques désignés à cet effet par les archevêques et par les évêques, et les jeunes gens autorisés à continuer leurs études pour se vouer au ministère dans les cultes salariés par l'État, sous la condition qu'ils seront assujettis au service militaire, s'ils cessent les études en vue desquelles ils auront été dispensés, ou, si à vingt-six ans les premiers ne sont pas entrés dans les ordres majeurs, et les seconds n'ont pas reçu la consécration. (*V. au J.M.* 1-73,533 *et suiv. le mod. des certificats à produire; au même recueil* 1-74,223, *pour le culte protestant*).

15. — Les jeunes gens liés au service dans les armées de terre ou de mer en vertu d'un brevet ou d'une commission, et qui cessent leur service;

Les jeunes marins portés sur les registres matricules de l'inscription maritime, conformément aux règles prescrites par l'art. 1 à 5 de la loi du 25 octobre 1795 (3 brumaire an IV), qui se font rayer de l'inscription maritime;

Les jeunes gens désignés en l'art. 14 ci-dessus, qui cessent d'être dans une des positions indiquées audit article avant d'avoir accompli les conditions qui y sont énumérées, sont tenus:

1° D'en faire la déclaration au maire de la commune dans les deux mois, et de retirer expédition de leur déclaration;

2° D'accomplir intégralement dans l'armée active le service prescrit par la loi, et de faire ensuite partie des réserves selon la classe à laquelle ils appartiennent.

Faute par eux de faire la déclaration ci-dessus et de la soumettre au visa du préfet du département dans le délai d'un mois, ils sont passibles d'un emprisonnement d'un mois à un an.

Ils sont rétablis dans la première classe appelée après la cessation de leurs services, fonctions ou études. — 5.

16. — Les jeunes gens dispensés à titre conditionnel (14) ne sont pas susceptibles de conférer à leurs frères le droit aux dispenses énumérées à l'art. 12. Mais lorsque, par suite de changements survenus dans leur position (15) avant d'avoir satisfait aux conditions imposées par ledit article (14), ces jeunes gens sont appelés dans l'armée active, ils sont admis à conférer la dispense prévue par le paragraphe IV de l'article 12 pendant la durée de leur présence au drapeau, quand même la classe à laquelle ils appartiennent par leur âge se trouve déjà, soit dans la réserve de l'armée active, soit dans l'armée territoriale.

A titre provisoire.

17. — Peuvent être dispensés à titre provisoire, comme soutiens indispensables de famille et s'ils en remplissent effectivement

les devoirs, les jeunes gens désignés à cet effet par le conseil municipal de la commune où ils sont domiciliés. — *V. en outre* 105.

Ces jeunes gens ne confèrent par la dispense indiquée au paragraphe numéroté IV de l'art. 12 non seulement tant qu'ils demeurent dans leurs foyers, mais alors même qu'ils seraient présents sous les drapeaux soit par suite de renonciation volontaire à la qualité de soutien de famille, soit parce qu'ils auraient perdu cette qualité. Ces hommes, en effet, ne sont tenus de faire que le temps d'activité qui reste dû par leur classe au moment où ils cessent d'être soutiens de famille.

Sauf classement dans les services auxiliaires de l'armée.

18. — Cette catégorie comprend:

1° Ceux qui n'ont pas la taille de 1m, 54 ;

2° Ceux qui, n'ayant pas été jugés susceptibles d'exemption définitive (10), sont cependant atteints de maladies, infirmités ou difformités incompatibles avec le service actif ou armé, et détaillées dans le tableau n° 2 de l'instruction du conseil de santé des armées en date du 3 avril 1873 (*J. M. p.* 500). — *V. ci-après, art.* 125, 379.

19. — On entend par service auxiliaire, tout service sédentaire ou de garnison, pouvant être fait dans les corps ou établissements militaires (ateliers, arsenaux, magasins, bureaux, etc.).

Les jeunes gens classés dans cette catégorie ne sont appelés qu'en cas de guerre ou de mobilisation (1-74, 221).

DES AJOURNEMENTS.

20. — Peuvent être ajournés deux années de suite à un nouvel examen du conseil de révision, les jeunes gens qui, au moment de la réunion de ce conseil, n'ont pas la taille de un mètre cinquante-quatre centimètres ou sont reconnus d'une complexion trop faible pour un service armé.

Ils sont tenus, à moins d'une autorisation spéciale, de se représenter au conseil du canton devant lequel ils ont comparu. S'ils ne répondent pas à la convocation qui leur est adressée, ils sont, après l'expiration des délais réglementaires, déclarés aptes au service armé.

21. — Après l'examen définitif ils sont classés, et ceux de ces jeunes gens reconnus propres soit au service armé, soit à un service auxiliaire, sont soumis, selon la catégorie dans laquelle ils sont placés, à toutes les obligations de la classe à laquelle ils appartiennent.

22. — Le défaut de taille n'entraîne jamais l'exemption. L'homme qui n'a pas la taille de 1m, 54 est classé dans le service auxiliaire. — 18.

23. — Les jeunes gens qui sont appelés à concourir au tirage comme omis ne peuvent être ajournés à l'année suivante si leur omission remonte à plus d'un an. Le législateur a admis que

l'homme âgé de vingt-trois ans, qui n'est pas apte à un service armé, n'est pas susceptible de le devenir. — 123.

DES ÉLÈVES DE L'ÉCOLE POLYTECHNIQUE ET DE L'ÉCOLE FORESTIÈRE (1).

24. — Les élèves de l'École polytechnique et ceux de l'École forestière sont considérés comme présents sous les drapeaux dans l'armée active pendant tout le temps par eux passé dans lesdites écoles. Néanmoins, ils ne confèrent point, dans cette position, la dispense à leurs frères.

25. — Les élèves qui ne satisfont pas aux examens de sortie de ces écoles suivent les conditions de la classe de recrutement à laquelle ils appartiennent par leur âge; ceux qui satisfont à ces examens sont placés dans un service public ou reçoivent un brevet de sous-lieutenant auxiliaire, et restent dans la disponibilité, dans la 1re réserve, dans l'armée territoriale pendant le temps durant lequel ils y sont astreints. Dans tous les cas, le temps passé par les uns et les autres à l'Ecole polytechnique ou à l'École forestière est déduit des années de service imposées par la loi. — 3.

DES SURSIS D'APPEL.

26. — Des sursis d'appel ne conférant ni exemption ni dispense, peuvent être accordés en temps de paix pour un an, sauf à être renouvelés pour une seconde année, aux jeunes gens qui en font la demande avant le tirage au sort. — 70.

Pour les obtenir, les jeunes gens doivent établir que, soit pour leur apprentissage, soit pour le besoin de l'exploitation agricole, industrielle ou commerciale à laquelle ils se livrent pour leur compte ou pour celui de leurs parents, il est indispensable qu'ils ne soient pas enlevés immédiatement à leurs travaux.

27. — Le jeune homme qui a obtenu un sursis d'appel conserve le numéro qui lui est échu lors du tirage au sort (70), et, à l'expiration de son sursis, il est tenu de satisfaire à toutes les obligations que lui imposait la loi en raison de son numéro.

28. — Les demandes de sursis sont adressées au maire et instruites par lui; le conseil municipal donne son avis. Elles sont remises au conseil de révision et envoyées par duplicata au sous-préfet, qui les transmet au préfet, avec ses observations, et y joint tous les documents nécessaires. — Cette transmission peut être faite jusqu'au jour fixé par décret pour la fin de la tournée de révision. — 79, 108.

DES SUBSTITUTIONS DE NUMÉROS.

29. — La substitution d'un numéro à un autre peut avoir lieu entre frères, concourant au tirage de la même classe et du

---

(1) Art. 36 de la loi du 24 juillet 1873.

même canton si celui qui se présente comme substituant est reconnu propre au service par le conseil de révision. — 70, 79.

Elle ne pourrait avoir lieu si l'un des frères devait, en raison de son état physique, être ajourné à un an ou classé dans le service auxiliaire.

DE LA SECONDE PORTION DE LA PREMIÈRE PARTIE DE LA LISTE DU RECRUTEMENT.

30. — Tous les jeunes gens de la classe appelée, qui ne sont pas exemptés pour cause d'infirmités, ou ne sont pas dispensés, ou n'ont pas obtenu de sursis d'appel, ou ne sont pas affectés à l'armée de mer, font partie de l'armée active et sont mis à la disposition du Ministre de la guerre.

31. — Ces jeunes soldats sont tous immatriculés dans les divers corps de l'armée, ainsi qu'il sera dit aux art. 137, 311, et envoyés soit dans lesdits corps, soit dans des bataillons et écoles d'instruction.

32. — Mais, vu la durée de service imposée, le budget ne pourrait, malgré les nombreuses dispenses, suffire à solder tous les appelés ; aussi la loi laisse-t-elle au Ministre la faculté, après une année de service des jeunes soldats dans les conditions indiquées à l'article 30, de ne plus en maintenir qu'un certain nombre sous les drapeaux.

Ceux à renvoyer sont pris par ordre de numéros sur la première partie de la liste du recrutement de chaque canton et dans la proportion déterminée par la décision du Ministre : cette décision est rendue aussitôt après que toutes les opérations du recrutement sont terminées.

33. — Nonobstant les dispositions énoncées en l'article précédent, le militaire compris dans la catégorie de ceux ne devant pas rester sous les drapeaux, mais qui, après l'année de service mentionnée audit article, ne sait pas lire et écrire, et ne satisfait pas aux examens déterminés par le Ministre de la guerre, peut être maintenu au corps pendant une seconde année.

Le militaire placé dans la même catégorie qui, par l'instruction acquise antérieurement à son entrée au service, et par celle reçue sous les drapeaux remplit toutes les conditions exigées peut, après six mois, à des époques fixées par le Ministre de la guerre, et avant l'expiration de l'année, être envoyé en disponibilité dans ses foyers.

34. — Ces jeunes gens ne servant ainsi *effectivement* dans l'armée active que un an ou six mois forment la *seconde portion du contingent.*

Nous verrons plus loin (chapitre II) une autre catégorie qui échappe aussi à la durée générale du service actif : ce sont les *engagés d'un an.*

CHAPITRE II.

DU RECRUTEMENT DE L'ARMÉE ACTIVE.

Notions préliminaires.

35. — Le recrutement de l'armée s'opère par des appels, et subsidiairement par des engagements et des rengagements.

Les appels nécessitent chaque année une série d'opérations que nous nous proposons d'énumérer. Mais tout d'abord il nous faut parler des bureaux de recrutement.

Des bureaux de recrutement (1).

36. — Il y a, dans chaque département, un bureau qui, autrefois, était appelé *dépôt de recrutement et de réserve*, mais que la loi du 24 juillet 1873 nomme *bureau de recrutement*; il est dirigé par un officier supérieur.

DU PERSONNEL.

37. — Le personnel de chacun de ces bureaux devrait être composé d'officiers, de sous-officiers et de commis selon l'importance de la subdivision de région pour laquelle il est institué.

En attendant qu'un règlement ait organisé les bureaux de recrutement ainsi que le veulent les nouvelles lois, nous croyons devoir exposer leur organisation sous le rapport du personnel, telle qu'elle existait avant 1872 et qu'elle fonctionne encore aujourd'hui.

38. — Les bureaux ou dépôts sont encore de 1re ou de 2e classe, selon les besoins du service et la décision du Ministre.

39. — Leur personnel se compose, savoir :

Dans les bureaux de 1re classe, de :	Dans les bureaux de 2me classe, de :
1 Chef de bataillon, d'escadrons ou major, commandant.	1 Capitaine, commandant,
1 Capitaine,	1 Lieutenant,
1 Lieutenant,	1 Sous-lieutenant,
1 Sous-lieutenant,	3 Sous-officiers (2).
3 Sous-officiers (2).	

En cas d'insuffisance de ce personnel, il y est pourvu par la désignation de lieutenants, de sous-lieutenants, de sous-officiers, de caporaux et de soldats pris dans les corps à proximité.

---

(1) O. 13 mars 1841, J. M. tome IV, p. 13 ; — 15 décembre 1841, *idem*, p. 70. — Loi 24 juillet 1873, J. M. p. 35.

(2) Lettre du général commandant la 3e subdivision de la 9e division militaire, en date du 30 avril 1863, n° 2131.

40. — Les commandants des bureaux de recrutement et de réserve sont placés sous les ordres directs des généraux commandant les subdivisions et les divisions militaires. Toutefois, les sous-intendants ont la surveillance *administrative* de leurs bureaux.

41. — Les officiers supérieurs et les capitaines sont choisis dans l'arme de la cavalerie et dans celle de l'infanterie. Les lieutenants, les sous-lieutenants et les sous-officiers sont pris dans les corps d'infanterie.

Les officiers supérieurs employés cessent d'appartenir aux cadres constitutifs de leurs armes, ils comptent dans ces armes comme officiers en mission; les autres officiers ne cessent pas de compter à leurs corps, dont ils sont simplement détachés.

42. — Aucun officier ne peut être employé comme commandant de dépôt dans le département où il est né, ni dans celui où il est propriétaire et où il exerce ses droits politiques.

Les officiers et les sous-officiers sont désignés par le Ministre, d'après les propositions des inspecteurs généraux d'armes.

43. — Chaque régiment d'infanterie doit avoir *constamment*, comme candidats pour le recrutement, un lieutenant ou sous-lieutenant et deux sous-officiers. Un régiment ne peut fournir plus d'un capitaine.

44. — Aucun sous-officier employé dans le recrutement ne peut être de 1re classe; en conséquence, lorsqu'un sous-officier désire être proposé, il doit faire par écrit, s'il y a lieu, une demande pour descendre à la 2e classe. (*C. M.* 17 *février* 1852, *J. M. p.* 166.)

45. — En cas de changement, le commandant et tous les militaires qui lui sont adjoints ne quittent le bureau qu'après l'arrivée de leurs successeurs.

46. — Les capitaines et les lieutenants employés qui obtiennent de l'avancement doivent rejoindre leurs corps; ils ne peuvent rentrer dans le service du recrutement que lorsqu'ils ont été proposés à l'inspection générale. (*Art.* 10 *de l'ord.* 13 *mars* 1841.)

47. — La solde des militaires détachés au recrutement est accrue d'un supplément.

Les commandants des dépôts reçoivent, en outre, une indemnité de frais de bureau sur les fonds du recrutement, une autre sur les fonds de la solde pour l'emplacement de leur bureau, lorsqu'il n'est pas établi dans les bâtiments militaires.

ATTRIBUTIONS.

48. — Les commandants des bureaux de recrutement ont dans leurs attributions spéciales :

1° De suivre les conseils de révision dans leurs tournées; - 95.

2° De tenir le registre matricule et le contrôle spécial dont il sera parlé ci-après, art. 137;

3° D'opérer l'immatriculation, dans les divers corps de la région, des hommes de la disponibilité et de la réserve;

4° De tenir les contrôles de l'armée territoriale pour les hommes domiciliés dans la subdivision, et de leur immatriculation dans les divers corps de l'armée territoriale de la région ;

5° De tenir le registre de visite et le contrôle des engagés conditionnels d'un an ; — 239, 262.

6° De faire chaque année, avec le concours de l'autorité civile, un recensement général des chevaux, mulets et voitures susceptibles d'être utilisés pour les besoins de l'armée ;

7° De répartir d'avance dans chaque corps d'armée ces chevaux, mulets et voitures et de les inscrire sur un registre spécial ;

8° De concourir à la mise en route des jeunes soldats et des militaires de la réserve appelés à l'activité ;

9° De porter plainte contre les insoumis et de les faire poursuivre ;

10° De constater l'existence et la position de tous les militaires faisant partie de la réserve, et d'assister à la revue qui en est passée par le général ;

11° Enfin ils sont chargés de toutes les écritures qui ont pour objet de régler la position des hommes qui se trouvent dans leurs foyers en attendant leur libération.

49. — Ils soumettent au général de brigade commandant la subdivision toutes les affaires ressortissant au commandement, et au sous-intendant chargé de la surveillance administrative du bureau, celles qui concernent l'administration.

50. — Tous les militaires de l'armée active, de la réserve et de l'armée territoriale, qui se trouvent à un titre quelconque dans leurs foyers et sont domiciliés dans la subdivision, relèvent de l'officier supérieur commandant du recrutement.

Cet officier supérieur tient le général commandant le corps d'armée et les chefs des corps de troupes et des différents services au courant de toutes les modifications qui se produisent dans la situation des officiers, sous-officiers et hommes de la disponibilité et de la réserve, et qui sont immatriculés dans les divers corps de la région.

51. — Dans aucun cas et sous aucun prétexte, les officiers et les sous-officiers employés dans les bureaux de recrutement ne peuvent être distraits de ce service spécial. En cas de nécessité, ils peuvent, cependant, être employés à la conduite des jeunes soldats et des militaires de la réserve appelés sous les drapeaux.

Des appels annuels.

52. — L'appel annuel est précédé des opérations suivantes :

Le recensement des jeunes gens par commune,
Le tirage au sort par canton.
La tournée et les décisions du conseil de révision départemental.

RECENSEMENT (1).

53. — Dans le mois de décembre de chaque année, les maires procèdent au recensement des jeunes gens nés ou domiciliés légalement dans leurs communes, qui ont atteint ou doivent atteindre l'âge de vingt ans avant l'expiration de ladite année.

Cette opération se fait :

1° Sur la déclaration à laquelle sont tenus les jeunes gens, leurs parents ou leurs tuteurs ;

2° Au moyen de feuilles individuelles que les conseils d'administration des corps militaires doivent faire parvenir, le 1er janvier de chaque année, aux préfets et ceux-ci aux maires pour les jeunes gens qui se trouvent sous les drapeaux par le fait d'un engagement contracté avant l'âge de vingt ans. (*V. modèle* 2-73, 528.)

3° D'office, d'après les registres de l'état civil et tous autres documents et renseignements.

Au moyen des divers renseignements ainsi obtenus, les maires font établir une liste préparatoire de tous ces jeunes gens, et ils transmettent immédiatement à leurs collègues, les documents et renseignements concernant l'état civil des jeunes gens domiciliés hors de la commune où ils sont nés (2).

54. — En même temps les préfets font dresser pour chaque commune et transmettent aux maires, par l'intermédiaire des sous-préfets, la liste des jeunes gens qui ont été signalés comme omis sur les tableaux de recensement des années précédentes et qui, aux termes de la loi, doivent être inscrits sur les prochains tableaux. On comprend dans cette liste les jeunes gens dont la qualité de Français n'a été reconnue qu'après le tirage de leur classe. Les omis condamnés sont signalés par les préfets d'une façon spéciale.

55. — Quant aux jeunes gens qui ne peuvent justifier d'un âge autre que celui qui leur a été assigné par le maire et la notoriété publique, ils sont considérés comme ayant l'âge requis et portés sur les listes.

TABLEAUX DE RECENSEMENT (3).

56. — Ces tableaux sont ouverts le 1er janvier de chaque année.

Les listes préparatoires, modifiées selon qu'il y a lieu, servent à l'établissement par ordre alphabétique de ces tableaux, qui sont dressés par les maires. Ces tableaux mentionnent, dans une colonne d'observations, la profession de chacun des jeunes gens inscrits.

---

(1) I. 26 novembre 1872, J. M. p. 647. — C. M. 17 déc. 1873, J. M. p. 526.
(2) V. la définition du mot *domicile* au J. M. 2-72, 137, 648 et 650.
(3) Art. 8 et suiv. de la loi du 27 juillet 1872; 8 et suiv. de l'inst. du 26 nov. 1872; modèle au J. M. 2-72,671.

57. — Les déclarations des individus, ainsi que leurs observations sur la confection des tableaux, sont provoquées au moyen d'avis publics, à la diligence des maires.

58. — Les jeunes gens qui ont leur domicile légal dans les colonies françaises, autres que l'Algérie, ne sont pas inscrits sur les tableaux de recensement. Il en est de même des jeunes gens qui ont émigré avec leur famille et dont on n'a pas eu de nouvelles depuis un an; toutefois les maires les signalent au préfet du département.

59. — Les jeunes gens, enfants trouvés ou autres, placés sous la tutelle des commissions administratives des hospices, sont portés sur les tableaux de la commune où ils résident au moment de la formation de ces tableaux.

60. — Les individus nés en France de parents étrangers et les individus nés à l'étranger de parents étrangers naturalisés Français, et mineurs au moment de la naturalisation de leurs parents, sont portés dans les cantons où ils sont domiciliés, sur le tableau de recensement qui suit immédiatement la déclaration faite par eux en vertu de l'article 9 du Code civil et de l'art. 2 de la loi du 7 février 1851.

Les individus déclarés Français en vertu de l'art. 1er de cette loi (étrangers nés en France d'étrangers qui eux-mêmes y sont nés) sont inscrits, dans les communes où ils sont domiciliés, sur les tableaux de l'année qui suit immédiatement celle de leur majorité, s'ils n'ont pas réclamé leur qualité d'étranger conformément à ladite loi.

Les uns et les autres ne sont assujettis qu'aux obligations de service de la classe à laquelle ils appartiennent par leur âge. (*V. en outre nos 27 et suiv. de l'inst. du 26 nov.* 1872). On ne saurait les considérer comme omis (*no* 115 *de l'inst. du* 28 *avril* 1873).

61. — Les jeunes gens originaires des pays cédés à l'Allemagne, qui ont opté pour la nationalité française, ainsi que leurs père, mère ou tuteur, sont portés sur les tableaux de la commune où leur famille a son domicile légal. (*C. M.* 7 *déc.* 1873, *J. M. p.* 496.)

62. — Les jeunes gens dont la nationalité française n'est reconnue qu'après le tirage, ou pour lesquels les sous-préfets ne sont pas informés en temps utile, sont considérés comme omis et portés, en conséquence, sur les tableaux de la classe suivante.

63. — Les omis des années précédentes sont inscrits sur les tableaux de l'année qui suit celle où l'omission a été découverte, à moins qu'ils n'aient trente ans accomplis à l'époque de la clôture des tableaux. (*V. en outre les dispositions pénales de la loi du* 27 *juillet* 1872, *art.* 60 *et suiv.*)

Après cet âge, ils sont soumis aux obligations de la classe à laquelle ils appartiennent.

64. — Les tableaux de recensement ne sont définitifs que lorsqu'ils ont été examinés et arrêtés par les sous-préfets assistés des maires du canton, opération qui a lieu le jour même du

tirage ; jusqu'à ce moment ils peuvent subir toutes les modifications nécessaires.

65. — Les jeunes gens qui changent de domicile du 1er janvier au jour du tirage sont rayés du tableau de la commune où ils habitaient et signalés au maire de leur nouveau domicile, où ils sont alors inscrits.

66. — Les motifs d'exemption et de dispense sont indiqués sur les tableaux de recensement.

67. — Ces tableaux sont publiés et affichés dans chaque commune, aux époques déterminées et conformément aux articles 63 et 64 du Code civil sur les publications de mariage. (*V.* 2-72,659.)

68. — Un décret fixe, chaque année, les époques auxquelles doivent s'effectuer l'examen des tableaux de recensement et le tirage au sort. Aussitôt après la réception de ce décret, les préfets font publier et afficher dans toutes les communes un arrêté indiquant ces époques.

Les maires publient dans les formes indiquées ci-dessus (67) un avis indiquant les lieu, jour et heure où il sera procédé à l'examen desdits tableaux et à la désignation, par le sort, du numéro assigné à chaque jeune homme inscrit.

Cet avis emporte convocation pour les jeunes gens, leurs parents ou tuteurs.

69. — Quelques jours avant le tirage au sort, les maires établissent deux expéditions des tableaux de recensement de leur commune, pour être remises au sous-préfet le jour où il sera procédé à la révision de ces tableaux et au tirage.

TIRAGE AU SORT (1).

70. — L'examen des tableaux de recensement et le tirage au sort se font au chef-lieu de canton, en séance publique, devant le sous-préfet assisté des maires du canton. Dans les communes qui forment un ou plusieurs cantons, le sous-préfet est assisté du maire et de ses adjoints.

Dans les villes divisées en plusieurs arrondissements, le préfet ou son délégué est assisté d'un officier municipal de l'arrondissement.

Dans l'arrondissement du chef-lieu de département, le secrétaire-général ou un conseiller de préfecture désigné par le préfet, peut présider aux opérations.

Les tableaux sont lus à haute voix. Les jeunes gens, leurs parents ou ayants cause sont entendus dans leurs observations. Le sous-préfet statue après avoir pris l'avis des maires.

Il raye des tableaux les omis qui justifient qu'ils ont trente ans accomplis, ainsi que les jeunes gens exclus du service. — 9,109.

---

(1) Art. 13 et suiv. de la loi du 27 juillet 1872, J. M. p. 137. — Titre II de l'inst. du 26 nov. 1872, J. M. p. 600.

Dans les cas douteux il s'abstient de prononcer, et maintient les réclamants sur les tableaux, sauf décision définitive du conseil de révision. — 79.

Le tableau rectifié de chaque commune est définitivement arrêté par le sous-préfet, et signé, séance tenante, tant par lui que par l'officier municipal qui l'a assisté.

71. — Dans les cantons composés de plusieurs communes, l'ordre dans lequel elles devront participer au tirage est réglé par le sort.

72. — Les premiers numéros sont attribués de droit aux omis par suite de fraude ; ils sont extraits de l'urne avant le tirage.

Le sous-préfet compte ensuite publiquement tous les numéros déposés dans l'urne, et après s'être assuré que le nombre en est égal à celui des jeunes gens appelés à concourir, il le déclare à haute voix.

73. — Aussitôt, chacun des jeunes gens, appelé dans l'ordre du tableau, prend dans l'urne un numéro qui est immédiatement proclamé et inscrit. Les parents des absents ou, à leur défaut, le maire de leur commune, tirent à leur place. — 74.

LISTE DU TIRAGE (1).

74. — La liste par ordre de numéros, préparée à l'avance, est dressée au fur et à mesure du tirage. On y fait mention des cas d'exemption ou de dispense qui seront ultérieurement fournis au conseil de révision. A cet égard, les sous-préfets doivent indiquer aux parties intéressées les pièces qu'elles auront à produire.

75. — Les jeunes gens qui résident en France hors de leur département et qui désirent se faire visiter par le conseil de révision du département où ils se trouvent, doivent en faire la demande au moment du tirage. — 99.

76. — L'opération du tirage achevée est définitive ; elle ne peut, sous aucun prétexte, être recommencée ; chacun garde le numéro qu'il a tiré ou qu'on a tiré pour lui.

Si un jeune homme tire un numéro à l'appel d'un nom autre que le sien, ce numéro doit être attribué à l'inscrit au nom duquel il a été tiré, et le jeune homme doit tirer de nouveau pour son compte à l'appel de son propre nom.

Les jeunes gens qui ne se trouveraient pas pourvus de numéros sont inscrits à la suite avec des numéros supplémentaires, et tirent entre eux pour déterminer l'ordre suivant lequel ils doivent être inscrits.

La liste est ensuite lue, arrêtée et signée de la même manière que les tableaux de recensement et annexée avec lesdits tableaux au procès-verbal des opérations. Elle est publiée dans chaque commune du canton. — 67.

---

(1) Modèle au J. M. 2-72, 675.

77. — Le sous-préfet envoie ensuite au préfet du département : 1° Deux expéditions de la liste du tirage, dont une pour le commandant de recrutement (95); 2° Une expédition du procès-verbal qui a été dressé; 3° Un extrait particulier de la liste concernant chacun des jeunes gens qui demandent à être examinés dans le département de leur résidence; 4° Une feuille individuelle de renseignements sur la famille de chaque absent (jeunes gens qui résident en Algérie ou à l'étranger.) — (*V. mod. nos* 6 *et* 7 *de l'inst. du* 26 *nov.* 1872, *J. M.* 2-72, *p.* 710 *et suiv.*) - 99.

Il remet aux maires la seconde expédition des tableaux de recensement après y avoir fait inscrire les rectifications convenables et tous les renseignements portés sur la liste du tirage.

78. — Le préfet rend compte au Ministre de la guerre (*bureau du recrutement*) de la manière dont se sont effectuées les opérations du recensement et du tirage : il joint à ce compte-rendu :

1° Un état numérique par canton des jeunes gens inscrits sur la liste du tirage (*mod.* 2-72,713);

2° Un exemplaire de ses arrêtés et de ses instructions pour l'exécution de ces opérations.

Des conseils de révision (1).

79. — Les opérations préliminaires du recrutement sont examinées dans chaque département par un conseil dit *de révision* composé de cinq membres ; savoir :

1° Le préfet, président, ou, à son défaut, du secrétaire général ou du conseiller de préfecture délégué par le préfet;

2° Un conseiller de préfecture délégué par le préfet ;

3° Un membre du conseil général du département autre que le représentant élu dans le canton où la révision a lieu;

4° Un membre du conseil d'arrondissement également autre que le représentant élu dans le canton où la révision a lieu ;

Tous deux désignés par la commission permanente du conseil général;

5° Le général de brigade commandant la subdivision, ou, à son défaut, un officier supérieur choisi par le général commandant la division, autant que possible parmi les colonels, ou, à défaut, les lieutenants-colonels.

80. — Le sous-intendant militaire chargé de la surveillance du service du recrutement dans le département, ou, à son défaut, un adjoint de 1re classe à l'intendance ; le commandant du bureau de recrutement; un médecin-militaire, du grade de médecin-major autant que possible, ou, à défaut, un médecin civil désigné par l'intendant divisionnaire, assistent aux opérations du conseil.

81. — Le conseil de révision se transporte dans les divers cantons. Toutefois, suivant les localités, le préfet peut, exceptionnellement, réunir dans le même lieu plusieurs cantons pour les opérations du conseil. Le général commandant le corps d'armée et le Ministre de la guerre reçoivent communication de l'itinéraire de chaque conseil, arrêté par le préfet de concert avec le général de brigade. (1-74, 220.)

---

(1). I. 28 avril 1873, J. M. p. 504.

82. — Le sous-préfet, ou le fonctionnaire par lequel il a été suppléé pour les opérations du tirage, assiste, avec voix consultative, aux séances que le conseil tient dans son arrondissement.

83. — Les maires des communes auxquelles appartiennent les jeunes gens appelés devant le conseil assistent aux séances et peuvent être entendus.

84. — Le président du conseil requiert un officier de gendarmerie et le nombre de gendarmes qu'il juge nécessaire pour l'exécution des mesures de police et de la loi. Un gendarme peut être chargé de faire l'appel des jeunes gens convoqués et de les toiser.

85. — Les membres du conseil, ainsi que les fonctionnaires qui doivent assister aux séances, doivent s'y rendre revêtus du costume ou des insignes extérieurs auxquels on peut reconnaître leur caractère public.

86. — Le général ou l'officier supérieur qui le supplée, prend place à la droite du président. Le conseiller de préfecture se place à la gauche du président. Le conseiller général occupe la seconde place à droite et le conseiller d'arrondissement la seconde à gauche.

Le sous-intendant ne siége point parmi les membres du conseil; mais il doit avoir une place spéciale à la droite du conseil.

Le président donne au commandant du recrutement toute facilité pour choisir une place qui lui permette de remplir les fonctions spéciales que la loi lui assigne. — 48.

87. — Les séances du conseil sont publiques et doivent être ouvertes à l'heure précise fixée par la convocation.

88. — Si, par suite d'une absence, le conseil ne se compose que de quatre membres, il peut délibérer, mais la voix du président n'est pas prépondérante : la décision ne peut être prise qu'à la majorité de trois voix; en cas de partage, elle est ajournée.

89. — Les voix sont recueillies en commençant par celle du membre qui prend séance le dernier (86), et en remontant successivement jusqu'au président. — 88.

90. — Tous les jeunes gens inscrits sur les tableaux de recensement arrêtés le jour du tirage, sont convoqués par ordre du préfet devant le conseil. Les ordres de convocation leur sont notifiés par le soin des maires, à domicile, et huit jours au moins à l'avance.

Les jeunes gens ajournés (20) sont convoqués de la même manière.

91. — Les jeunes gens doivent se présenter au jour et à l'heure fixés par la convocation. Ils peuvent alors faire connaître l'arme dans laquelle ils désirent être placés. S'ils ne se présentent pas, ou s'ils ne se font pas représenter, ou s'ils n'obtiennent pas de délai, il est procédé comme s'ils étaient présents.

92. — Une seule journée peut être employée à la visite des jeunes gens d'un même canton. (1-74, 220).

ATTRIBUTIONS.

93. — Le conseil de révision de chaque département est chargé de revoir les opérations préliminaires du recrutement et d'en constater la régularité ; de statuer sur les réclamations auxquelles ces opérations ont pu donner lieu, sur les causes d'exemption et de dispense du service, les ajournements, les sursis et les substitutions de numéros ; enfin, d'arrêter les listes du recrutement cantonal.

94. — Le membre de l'intendance est entendu dans l'intérêt de la loi toutes les fois qu'il le demande et peut faire consigner ses observations au registre des délibérations. Il remplit, en quelque sorte, près du conseil, les fonctions du ministère public auprès des tribunaux civils. Hors de sa présence, le conseil ne peut ni délibérer, ni prendre une décision. Si le sous-intendant juge qu'un jeune homme a été indûment exempté ou dispensé, il doit en rendre compte au Ministre (bureau du recrutement), à l'issue de la séance, par l'envoi d'une copie de l'observation dont il aura demandé l'insertion au procès-verbal. (1-74, 225.)

95. — Le commandant du recrutement reçoit par les soins du préfet, quinze jours au moins avant le commencement de la tournée de révision, une expédition de la liste de tirage de chaque canton (1). A l'aide de ce document, il dresse un carnet de tournée sur lequel, au cours de la séance, il prend note de l'aptitude militaire de chaque homme, tant sous le rapport de la profession que de la taille et de la constitution physique, et inscrit l'arme à laquelle l'homme demande à être affecté. — 137.

Il dresse une liste des jeunes qui ne se sont pas présentés et indique les motifs qu'ils peuvent avoir donnés pour excuser leur absence.

Il est accompagné par un sous-officier de recrutement, qui prend, pendant la séance, le signalement des jeunes gens examinés par le conseil. — 84.

96. — Dans le cas où, en raison du nombre de jeunes gens inscrits dans certains cantons, deux médecins auraient été reconnus nécessaires, le médecin supplémentaire n'accompagnerait le conseil que dans ces cantons.

La constatation de l'aptitude physique des jeunes gens a lieu à huis clos, mais en présence du conseil de révision tout entier. — 102.

97. — Tous les chefs-lieux de canton doivent tenir à la disposition du conseil un double mètre étalonné.

98. — Le conseil de révision est seul juge de l'authenticité des documents produits comme preuve des droits des parties.

99. — Tous les jeunes gens doivent être visités. Ceux qui ne

---

(1) C. M. 18 mars 1873, J. M. p. 253 ; 7 décembre 1873, J. M. p. 497 et n° 16 de l'inst. du 28 avril 1873, J. M. p. 507.

résident pas dans leur département peuvent être autorisés par le préfet à se faire visiter, savoir (1):

1° *En France*, par le conseil de révision du département où ils se trouvent, à la condition que la demande en ait été faite, le jour du tirage, au fonctionnaire chargé de présider à cette opération dans le canton du domicile légal. Le préfet envoie à son collègue un extrait de la liste du tirage et une feuille de renseignements. Les jeunes gens n'ont pas d'autres formalités à remplir que de faire constater leur identité par des pièces authentiques, de justifier qu'ils sont réellement en résidence dans la localité, et cela le jour où ils seront convoqués;

2° *En Algérie* ou *à l'étranger* si la demande en a été faite au maire de la commune du domicile le 15 janvier au plus tard. Ce fonctionnaire, en transmettant la demande au préfet, lui envoie un extrait du tableau de recensement et une feuille individuelle.

Ceux qui résident en Algérie sont signalés par le préfet au gouverneur général si leur domicile est inconnu, au général commandant la division dans le cas contraire, et visités par les commissions de visite instituées par la décision du 27 mars 1862.

Ceux qui résident à l'étranger sont signalés directement par le préfet à nos agents diplomatiques et visités par le médecin attaché à l'ambassade ou au consulat. Les frais de visite sont à leur charge.

Le résultat de ces visites est envoyé au préfet qui l'a demandé et soumis au conseil de révision du domicile. Ce conseil prend seul une décision définitive; lui seul est compétent pour accorder ou refuser l'exemption ou la dispense.

100. — L'exemption ne peut être prononcée qu'après que le médecin militaire qui assiste à la séance du conseil (80) a été entendu. Une instruction-guide pour les médecins contenant l'énumération des maladies qui entraînent l'exemption, l'ajournement ou le classement dans le service auxiliaire, a été publiée sur la demande du conseil de santé des armées, le 3 avril 1873 (*J. M.* *p.* 479). Nous la donnons ci-après, art. 125.

101. — L'exemption doit être prononcée de préférence à la dispense lorsqu'un jeune homme est dans le cas d'être exempté ou dispensé. (*V.* 1-74, 221.)

102. — Quand un jeune homme se trouve dans l'impossibilité de se transporter devant le conseil pour cause de maladie ou d'infirmité, un délai lui est accordé, ou bien le conseil délègue un médecin militaire pour le visiter à domicile en présence de l'officier de gendarmerie de l'arrondissement qui en dresse procès-verbal. Dans tous les cas le conseil prend les mesures convenables pour s'assurer de l'identité du jeune homme et éviter les substitutions de personnes.

---

(1) Art. 35 et suiv. de l'instruction du 26 nov. 1872; — 47 et suiv. de celle du 28 avril 1873.

103. — En vertu de ce principe que la loi doit être appliquée dans le sens le plus favorable aux familles, lorsqu'un jeune homme a plusieurs droits à invoquer, la dispense au titre des paragraphes numérotés III, IV ou V de l'art. 12 ci-dessus (17 de la loi), doit être prononcée de préférence à la dispense prévue par les paragraphes numérotés I et II.

Par un motif analogue, la dispense, en vertu du paragraphe numéroté III ou du paragraphe numéroté IV, doit être accordée plutôt que la dispense résultat du paragraphe numéroté V. Ce dernier droit, en effet, étant permanent, peut être réservé et profiter ultérieurement à un autre membre de la famille. La circulaire ministérielle du 19 mars 1874 recommande de mettre le jeune homme qui a simultanément des droits à la dispense à un double titre, en demeure de choisir celle des deux dispenses qui, d'après son appréciation personnelle, lui semble préférable.

104. — Le conseil de révision doit faire constater en sa présence par le médecin militaire, l'état de cécité complète d'un père aveugle dont le fils demande la dispense. — 334.

Le conseil agit d'une façon analogue quand le puîné d'une famille réclame la dispense en se fondant sur ce que son frère aîné est aveugle ou atteint d'une infirmité incurable qui le rend impotent. — 12.

105. — Les dispenses à titre provisoire aux soutiens de famille, peuvent être accordées par département jusqu'à concurrence de quatre pour cent du nombre des jeunes gens reconnus propres au service et compris dans la première partie des listes du recrutement cantonal. — 132.

A cet effet, chaque maire présente au conseil la liste des jeunes gens désignés par le conseil municipal, parmi ceux qui sont inscrits sur le tableau de recensement de sa commune. (1-74, 224.)

106. — La proportion fixée ne doit jamais être dépassée; mais elle peut n'être pas atteinte.

107. — Chaque année les maires présentent au sous-préfet, qui y consigne son avis, un rapport sur la situation des jeunes soldats de leur commune dispensés comme soutiens de famille, pendant les quatre années précédentes. Ce rapport est soumis par le préfet au conseil de révision, qui, après avoir entendu le maire, présent à la séance, maintient ou révoque la dispense. Ceux qui sont reconnus ne plus remplir d'une manière effective leurs devoirs de soutiens de famille, sont signalés à l'autorité militaire et suivent le sort de la portion de la classe à laquelle ils appartiennent. — *V.* 342.

108. — Les sursis d'appel (26) peuvent être accordés dans chaque département jusqu'à concurrence de quatre pour cent du nombre des jeunes gens de la classe reconnus propres au service et compris dans la 1re partie des listes du recrutement cantonal (ni dispensés, ni ajournés).

109. — Le jeune homme omis, qui ne s'est pas présenté par lui ou ses ayants cause au tirage de la classe à laquelle il appartient,

ne peut réclamer le bénéfice des dispenses indiquées en l'art. 12, si les causes de ces dispenses ne sont survenues que postérieurement à la clôture des listes. — *V.* 13.

110. — L'engagé volontaire renvoyé dans ses foyers avec un congé de réforme n° 2 ou par suite de l'annulation de son acte d'engagement, et appelé plus tard à concourir au tirage au sort de sa classe, doit être considéré comme n'ayant jamais appartenu à l'armée. S'il est reconnu propre au service, il lui est tenu compte du temps qu'il a déjà passé sous les drapeaux. — 5.

111. — Quant à celui qui, pendant la durée de son congé, a été réformé par congé n° 1, il est porté sur la liste de tirage avec la mention : « *Dégagé de toute obligation militaire, a produit un congé de réforme n°* 1. » — 10, § 2°.

112. — Le conseil de révision donne son consentement aux substitutions de numéros (29); le préfet en dresse l'acte.

113. — Les jeunes gens ou leurs familles doivent faire eux-mêmes, dès le jour de leur inscription sur les tableaux de recensement (1), toutes les démarches nécessaires pour se procurer en temps utile les pièces justificatives de leurs droits ou de leurs positions sous le rapport du recrutement. Voici la nomenclature de ces pièces pour tous les cas de dispenses :

---

(1) C. M. 7 décembre 1873, J. M. p. 496.

I.

114. — **BORDEREAU** des pièces à produire au conseil de révision pour les jeunes gens qui se trouvent dans un des cas de dispense prévus par l'article 17 de la loi du 27 juillet 1872, sur le recrutement de l'armée (*art. 12 du présent Manuel*).

INDICATION DES CAS DE DISPENSE.	INDICATION DES PIÈCES A PRODUIRE.
§ 1er. Aîné d'orphelins de père et de mère	Acte de mariage des père et mère. Actes de décès des père et mère. Certificat de trois pères de famille, approuvé par le maire, visé par le sous-préfet et conforme au modèle A (*page* 685 *du Journal Militaire* 2me *semestre* 72).
§ 2. Fils unique ou aîné des fils d'une femme actuellement veuve	Acte de mariage des père et mère. Acte de décès du père. Certificat de trois pères de famille, modèle B, p. 686, *id.*
Petit-fils unique ou aîné des petits-fils d'une femme actuellement veuve	Acte de mariage des aïeuls. Acte de mariage des père et mère. Acte de décès de l'aïeul. Certificat de trois pères de famille, modèle C, p. 687, *id.*
Fils unique ou aîné d'une femme dont le mari a été légalement déclaré absent	Acte de mariage des père et mère. Copie du jugement déclarant l'absence. Certificat de trois pères de famille, modèle D, p. 688, *id.*
Petit-fils unique ou aîné des petits-fils d'une femme dont le mari a été légalement déclaré absent	Acte de mariages des aïeuls. Acte de mariage des père et mère. Copie du jugement déclarant l'absence. Certificat de trois pères de famille, modèle E, p. 689, *id.*
Fils unique ou aîné des fils d'un père aveugle	Acte de mariage des père et mère. Certificat de trois pères de famille, modèle F (1), p. 690, *id.*
Petit-fils unique ou aîné des petits-fils d'un grand-père aveugle.	Acte de mariage des père et mère. Certificat de trois pères de famille, modèle G (1), p. 691, *id.*
Fils unique ou aîné des fils d'un père entré dans sa soixante-dixième année................	Acte de mariage des père et mère. Acte de naissance du père. Certificat de trois pères de famille, modèle H, p. 692, *id.*
Petit-fils unique ou aîné des petits-fils d'un grand-père entré dans sa soixante-dixième année.	Acte de mariage des père et mère Acte de naissance de l'aïeul. Certificat de trois pères de famille, modèle I, p. 693, *id.*
Puîné d'orphelins de père et de mère.....................	Acte de mariage des père et mère. Actes de décès des père et mère. Certificat de trois pères de famille, modèle J (2), p. 694, *id.*
Fils puîné d'une femme actuellement veuve	Acte de mariage des père et mère. Acte de décès du père. Certificat de trois pères de famille, modèle K (2), p. 695, *id.*

(1) Dans ce cas, le conseil de révision ne statue qu'après avoir constaté lui-même ou fait constater l'état physique du père aveugle.
(2) Dans ce cas, le conseil de révision ne statue qu'après avoir constaté lui-même ou fait constater l'état physique du frère.

INDICATION DES CAS DE DISPENSE	INDICATION DES PIÈCES À PRODUIRE.
Petit-fils puîné d'une femme actuellement veuve...........	Acte de mariage des aïeuls. Acte de décès de l'aïeul. Certificat de trois pères de famille, modèle L (1), p. 696, *id.*
Fils puîné d'une femme dont le mari a été légalement déclaré absent......................	Acte de mariage des père et mère. Copie du jugement déclarant l'absence. Certificat de trois pères de famille, modèle M (1), p. 697, *id.*
Petit-fils puîné d'une femme dont le mari a été légalement déclaré absent..............	Acte de mariage des aïeuls. Copie du jugement déclarant l'absence. Certificat de trois pères de famille, modèle N (1), p. 698, *id.*
Fils puîné d'un père aveugle ou entré dans sa soixante-dixième année......................	Acte de mariage des père et mère. Acte de naissance du père. Certificat de trois pères de famille, modèle O (2), p. 699, *id.*
Petit-fils puîné d'un grand-père aveugle ou entré dans sa soixante-dixième année...............	Acte de mariage des père et mère. Acte de naissance de l'aïeul. Certificat de trois pères de famille, modèle P (3), p. 700, *id.*
§ 3.	
Frère aîné d'un jeune homme appelé à faire partie du même tirage, et qui est reconnu propre au service..................	Acte de mariage des père et mère. Certificat de trois pères de famille, modèle Q, p. 701, *id.*
§ 4. Jeune homme ayant un frère sous les drapeaux à tout autre titre que pour remplacement...	Certificat de trois pères de famille, modèle R, p. 702, *id.* Indépendamment de ce certificat, la présence du frère sous les drapeaux sera justifiée par un certificat du conseil d'administration du corps, (*modèle au Journal Militaire* 1-73, 564) ou par tout autre document authentique faisant connaître la position de ce frère; ou bien, si celui-ci n'a pas encore été appelé à l'activité ou se trouve en disponibilité de l'armée active, par un certificat de l'officier de recrutement; ou bien, enfin, si le frère est inscrit maritime, on devra produire, avec le certificat R: 1° Un certificat du préfet, constatant que ce marin est compris, comme déduit, dans le contingent d'une classe non libérée du service actif, modèle S, p. 703, *id.* 2° Un certificat d'un commissaire de marine, faisant connaître que le frère appartient toujours à l'inscription maritime, qu'il est vivant, qu'il réside dans telle ou telle commune, ou qu'il est embarqué, modèle T, p. 704, *id.*
§ 5 et dernier.	
Frère d'un militaire mort en activité de service, ou réformé, ou admis à la retraite pour blessures reçues dans un service commandé, ou infirmités contractées dans les armées de terre ou de mer................... Jeune homme dont un frère est mort ou a reçu des blessures qui le rendent incapable de servir, en combattant dans l'armée auxiliaire en 1870 et en 1871...	Certificat de trois pères de famille, approuvé par le maire, visé par le sous-préfet et conforme au modèle U, p. 705, *id.* Indépendamment de ce certificat, le décès, les blessures, la réforme ou l'admission à la retraite du frère seront justifiés par l'acte de décès, ou le congé de réforme, ou le titre ou la copie certifiée du titre de pension de ce frère ou par tout autre document authentique faisant connaître les droits à la dispense. Si le frère est décédé comme inscrit maritime à bord d'un bâtiment de l'Etat, le réclamant produira avec le certificat coté U, un certificat du commissaire de marine constatant le décès, modèle V, p. 706, *id.*

(1) Dans ce cas, le conseil de révision ne statue qu'après avoir constaté lui-même ou fait constater l'état physique du frère.
(2) Le conseil de révision constate lui-même ou fait constater l'état physique du père aveugle, ainsi que celui du fils aîné.
(3) Le conseil de révision constate lui-même ou fait constater l'état physique de l'aïeul aveugle ainsi que celui du petit-fils aîné.

II.

115. — **BORDEREAU** des pièces à produire au conseil de révision pour les jeunes gens qui se trouvent dans un des cas de déduction ou de dispense prévus par les articles 19, 20 et 21 de la loi du 27 juillet 1872 sur le recrutement de l'armée (*art. 24, 14 et 15 du présent Manuel*).

INDICATION DES CAS DE DÉDUCTION OU DISPENSE.	INDICATION DES PIÈCES A PRODUIRE.
§ 1er.	
Jeunes gens déjà liés au service dans les armées de terre ou de mer, en vertu d'un engagement volontaire, d'un brevet ou d'une commission.................	Soit: 1° expédition de l'acte d'engagement, et certificat de présence sous les drapeaux, délivré par le conseil d'administration du corps. Soit: 2° copie authentique du brevet, ou de la commission, et certificat constatant la position du réclamant, délivré par l'autorité militaire ou maritime. — 114, § 4.
§ 2.	
Jeunes marins portés sur les registres matricules de l'inscription maritime...............	Certificat d'un commissaire de la marine, modèle X, p. 709 du J. M. 2-72.
§ 3.	
Élèves de l'École polytechnique et de l'École forestière	Copie authentique de la lettre de nomination et certificat de présence à l'école ou dans un service public, délivré par le conseil d'administration de l'école ou par le chef du service.
§ 4.	
Membres de l'instruction publique......................	Certificat d'acceptation par le recteur de l'Académie, de l'engagement de se vouer pendant dix ans à la carrière de l'enseignement, contracté par le réclamant devant ledit recteur, et avant l'époque déterminée pour le tirage au sort.
Élèves de l'École normale supérieure de Paris...........	Certificat d'acceptation de l'engagement ci-dessus indiqué, et certificat de la présence à l'école, délivré par le directeur de ladite école.
Professeurs des institutions nationales des sourds-muets et des institutions nationales des jeunes aveugles..............	Certificat d'acceptation de l'engagement ci-dessus indiqué et certificat du directeur de l'établissement constatant que le réclamant exerce actuellement les fonctions de son emploi.
§ 5.	
Élèves pensionnaires de l'École des langues orientales vivantes.. Élèves de l'École des Chartes nommés après examen........	Certificat de présence à l'école délivré par le directeur de l'école.
§ 6.	
Élèves ecclésiastiques désignés à cet effet par les archevêques et par les évêques............	Certificat de l'archevêque ou de l'évêque diocésain, visé par le préfet, pour légalisation de la signature, constatant que le réclamant est autorisé à continuer ses études ecclésiastiques.
§ 7.	
Jeunes gens autorisés à continuer leurs études pour se vouer au ministère dans les autres cultes salariés par l'État.......	Certificat des présidents de consistoire, visé par le préfet pour légalisation de la signature, constatant que le réclamant se destine au ministère du culte et qu'il est autorisé à continuer ses études. *Pour les élèves du culte protestant, voir le modèle 1-74, 223.*
§ 8.	
Artistes qui ont remporté les grands prix de l'Institut.......	Certificat du ministre de l'instruction publique.

116. — Les certificats, les extraits d'actes de l'état civil et généralement toutes les pièces que les jeunes gens ont à produire, soit pour leur inscription sur les tableaux de recensement, soit pour la justification devant les conseils de révision de leurs droits à la dispense, sont affranchis du droit de timbre et doivent, en outre, être délivrés sans frais. Ils sont, s'il y a lieu, légalisés par les préfets ou les sous-préfets.

117. — L'intervention des fonctionnaires réclamée par les familles est purement officieuse, et l'administration de la guerre ne peut être rendue responsable au sujet des négligences, des erreurs, des irrégularités ou des retards.

Les pièces réclamées par les familles ne peuvent leur être refusées. Les maires ne peuvent, sous peine d'être rendus civilement responsables du dommage causé, refuser d'établir les certificats des trois pères de famille qui leur sont demandés, en se fondant sur ce que le droit n'existe pas. Mais ils doivent s'assurer que les indications portées sur les certificats sont conformes à la vérité. C'est, en effet, une approbation et non un simple visa qu'ils donnent sur ces pièces.

118. — Les pièces que, pour ce sujet, les corps de troupe peuvent être appelés à fournir et qui doivent leur être réclamées *directement et par lettres affranchies*, sont :

1° Le certificat de présence sous les drapeaux (*mod. au J. M.* 1-73, 564) ;
2° L'acte de disparition pour les militaires qui ont disparu pendant la guerre, (*mod. au J. M. t. VIII*, p. 315).
3° L'état des services.

119. — Quant aux militaires de l'armée de mer, lorsqu'ils se trouvent trop éloignés pour que les corps répondent en temps utile aux demandes des familles, ces demandes doivent être adressées au ministère de la marine, qui, suivant les cas, fait établir ou établit lui-même le certificat de présence, ou délivre un simple relevé de services, indiquant qu'à la date des dernières mutations connues, l'homme était présent au drapeau.

120. — Les commandants des bureaux de recrutement, dans les départements, doivent donner aux familles toutes les indications dont elles peuvent avoir besoin pour se procurer promptement les pièces dont il s'agit.

Les conseils d'administration des corps, de leur côté, ne doivent apporter aucun retard dans l'envoi desdites pièces. S'ils ne peuvent les envoyer, ils en font connaître sur-le-champ les motifs aux réclamants. En cas de mutation du militaire, ils transmettent de suite la demande à l'autorité compétente et préviennent la famille.

121. — Tout droit dont il n'est pas justifié devant le conseil de révision au moment de l'appel du nom du jeune homme ou dans le délai fixé (130) se trouve périmé.

122. — La tentative de mutilation volontaire est punie comme le fait. Lorsqu'un jeune homme paraît s'être mutilé ou avoir pro-

voqué une infirmité dans le but de se soustraire à ses obligations militaires, le conseil de révision constate l'aptitude ou l'impropriété au service; mais il ajourne sa décision sur l'aptitude au service armé ou au service auxiliaire et le défère aux tribunaux (1). En cas de condamnation, le jeune homme ne peut être exempté; quel que soit son état, il est, à l'expiration de sa peine, dirigé sur la 2e compagnie de pionniers de discipline. A cet effet, le préfet le signale en temps convenable au général commandant la division.

123. — Par application du principe énoncé à l'article 23, le conseil doit éviter de prononcer l'ajournement pour faiblesse de complexion, sans un avis formel du médecin militaire signalant les jeunes gens soumis à son examen comme insuffisamment développés et susceptibles de devenir, avant deux ans, aptes au service armé.

124. — Les préfets ont le droit d'autoriser, mais très-exceptionnellement, les ajournés à se présenter l'année suivante devant un conseil de révision autre que celui qui les a ajournés. — *V.* 99.

125. — *Nomenclature des infirmités qui rendent impropre au service actif ou armé et de celles qui ne rendent pas impropre au service auxiliaire* (2).

TABLEAU N° 1.

Nomenclature DES MALADIES, INFIRMITÉS OU DIFFORMITÉS qui rendent impropre au service actif ou armé.

—

1° La *faiblesse de constitution* (3) caractérisée par un développement insuffisant des systèmes osseux et musculaire, persistant après le terme de la période de croissance et accompagné d'un aspect maladif.

2° La *scrofulose et l'adénopathie* généralisée, surtout si elles sont accompagnées d'ulcération et de cicatrices apparentes.

3° Les accidents secondaires ou constitutionnels de la *syphilis* (4).

4° La *tuberculose*, ou la prédisposition parfaitement accusée à la phtisie, se traduisant par l'habitus extérieur, ou la présence de tubercules constatés dans un organe quelconque.

---

(1) V. 1-74, 225.

(2) I. du conseil de santé des armées, approuvée par le Ministre de la guerre le 3 avril 1873, J. M. p. 479.

(3) On entend par *faiblesse de constitution* l'insuffisance, indépendante de toute lésion organique, de la force jugée nécessaire pour résister aux exigences du service militaire. C'est une expression vague dont on abuse souvent dans les conseils de révision, mais dont il serait difficile de ne pas faire usage. La faiblesse de constitution, sans lésion organique, est un état assez rare, excepté chez les hommes de petite taille, qui ont besoin d'une constitution relativement plus forte que ceux d'une taille élevée pour résister aux fatigues ordinaires du soldat et chez les hommes de taille élevée dont la croissance a été rapide.

(4) La *syphilis primitive* ne doit jamais motiver l'inaptitude. L'ajournement devra être proposé pour les accidents successifs d'une certaine gravité.

5° Le *diabète.*

6° La *consomption* et, en général, les *cachexies*, scorbutique, paludéenne, saturnine, mercurielle et autres, résultant des causes professionnelles, et caractérisées par des altérations organiques profondes.

7° Les *tumeurs carcinomateuses*, les *cancroïdes*, les *tumeurs fibro-plastiques*, et toutes les productions pathologiques comprises sous la dénomination de cancer, de mélanose, etc., ainsi que les ulcérations tenant à une diathèse de même nature.

8° La *pellagre* et les altérations organiques consécutives à la *morve* et au *farcin.*

9° L'*ictéricie* chronique et l'*anasarque*, symptomatiques d'affections organiques des viscères abdominaux.

10° Les *affections cutanées* chroniques et étendues à de larges surfaces (l'*eczéma*, le *lichen*, le *psoriasis*, le *lupus*, l'*ichthyose*, etc.), l'*albinisme* quand il est généralisé.

11° Les *ulcères* anciens et de nature rebelle, les *fistules* liées à une affection organique grave, ou apportant un trouble sérieux dans la constitution générale.

12° Les *cicatrices* adhérentes, étendues, difformes, résistantes, lorsqu'elles réunissent des organes contigus, qu'elles entravent les mouvements, ou qu'elles déterminent un changement notable dans les rapports des parties.

13° Les *nævi materni*, constituant par leur étendue et leur siége à la face une difformité repoussante.

14° Les *tumeurs érectiles* ou *vasculaires* dévelopées sur la face ou quand elles sont volumineuses et exposées, par la place qu'elles occupent, aux chocs ou à une pression habituelle.

15° Les productions *pileuses* et *cornées*, si elles ont leur siége dans une région où, soumises à une pression gênante, elles peuvent s'opposer au libre mouvement des parties.

16° L'*obésité* exagérée et morbide.

17° Le *marasme* et l'*amaigrissement* morbide.

18° Les *abcès par congestion.*

19° Les *lipômes* et les *kystes* s'ils sont volumineux, gênants, par leur siége, et soumis à une pression des vêtements.

20° La *carie* et les autres lésions organiques des os et des articulations (*tumeurs blanches, ostéosarcôme, fongus, corps mobiles articulaires*).

21° L'*ankylose* des grandes articulations et les luxations anciennes.

22° Les *rétractions* et les *ruptures* des tendons.

23° La *rupture* des muscles.

24° La *contracture musculaire* avec atrophie, entraînant la flexion ou l'extension permanente du cou, de la colonne vertébrale ou d'une partie d'un membre.

25° Les *neurômes.*

26° Le *tremblement habituel*, général ou partiel.

27° Le *crétinisme, l'idiotie,* à un degré qui ne permet pas l'instruction militaire.

28° L'*aliénation mentale* sous toutes ses formes (la lypémanie, la monomanie, la démence).

29° L'*épilesie,* le *vertige* invétéré, la *chorée* et *l'aboiement* chronique.

30° Le *somnambulisme.*

31° La *catalepsie,* l'*extase.*

32° Le *délirium tremens.*

33° La *paralysie* du mouvement ou du sentiment, si elle est étendue; la *paralysie générale, progressive,* l'*ataxie locomotrice.*

34° Les *anévrismes.*

35° Les *éruptions* diverses (eczéma, impétigo) du cuir chevelu, la *leigné faveuse, l'alopécie,* quand ces affections sont invétérées et incurables, la *calvitie* comprenant presque toute la surface du crâne.

36° Les *tumeurs variées,* les *exostoses,* les *fongus* du crâne.

37° Les *déformations* du crâne (principalement de l'occiput) l'*ossification* incomplète de la voûte du crâne, les pertes de substances des os du crâne, par carie, nécrose, etc.

38° Une vicieuse conformation de la face, ou une grande irrégularité des traits du visage.

39° Les *difformités* résultant des mutilations, et les *exostoses* du front qui seraient un obstacle à l'usage de la coiffure militaire.

40° La *prosopalgie faciale* (tic douloureux) et la *paralysie de la septième paire.*

41° Les *dartres pustuleuses* (mentagre, couperose), anciennes et étendues.

42° Le *strabisme fonctionnel,* compliqué d'amblyopie, le *strabisme organique.*

43° L'*exophtalmie* traumatique, pathologique.

44° La *buphthalmie.*

45° La *kératite* vasculaire ou panniforme, la *kératite* disséminée, rebelle, les *opacités* de la cornée occasionnant une diminution de l'acuïté de la vision supérieure à un quart (1), la *cornée conique,* la *cornée globuleuse,* ou *staphylôme pellucide,* le *staphylôme opaque.*

46° Les *exsudats* du champ pupillaire, occasionnant une diminution de l'acuïté visuelle égale à un quart.

47° Les *opacités* du cristallin (2).

48° Le *myosis* entretenu par des synéchies postérieures et compliqué par des opacités pupillaires, le *synchisis* simple ou étincelant, le *glaucôme.*

(1) C'est-à-dire qui ne permettent de lire un texte ordinaire ou l'écriture courante qu'avec difficulté.

(2) La plupart des affections de l'œil, même celles de la choroïde et de la rétine, se traduisent généralement par des altérations faciles à reconnaître par l'examen ophtalmoscopique. Le médecin ne devra toutefois y recourir qu'après avoir établi déjà son diagnostic par voie d'exclusion et comme pour le confirmer.

49° Les *choroïdites* rebelles occasionnant une diminution de l'acuïté visuelle d'un quart, le *décollement de la rétine*, les *rétinites*, les *névro-rétinites*, les *névrites*.

50° La *myopie* notable et constatée, égale à un quart (1), l'*hypermétropie* de un sixième et au-dessus, l'*hypermétropie* compliquée de strabisme convergent permanent, l'*hypermétropie* compliquée d'amblyopie de l'œil droit, l'*amblyopie* à un quart.

51° Les *affections de l'orbite* (carie, nécrose, exostose, ostéosarcôme), et les tumeurs *intra-orbitaires*.

52° Les *blépharites* ciliaires anciennes et rebelles, l'*ectropion*, l'*entropion*, le *trichiasis*, le *blépharoptose*, l'*ankyloblépharon*, et le *symblépharon* très-prononcés, l'*épicanthus* quand il existe à un certain degré de développement, l'*encanthis* fongueux et malin, les *granulations* de la conjonctive, le *xérosis*, le *ptérygion*, l'*épithélioma* de la conjonctive et des paupières.

53° La *dacryocystite* chronique (fistule lacrimale).

54° Les diverses paralysies des nerfs de l'œil et de ses annexes (la *blépharoplégie*, etc.), le *nystagmus*.

55° La *perte* ou les difformités du nez, portées au point de gêner manifestement la respiration et la parole, ou seulement l'une de ces fonctions.

56° L'oblitération totale des narines, les *polypes* incurables des fosses nasales ou du pharynx, la *rhinite chronique* et l'*ozène* (punaisie) due à une carie osseuse ou à une affection des fosses nasales, des sinus frontaux ou des sinus maxillaires.

57° L'absence congénitale ou accidentelle du pavillon de l'oreille, l'atrophie ou le développement excessif de la conque, son envahissement par des tumeurs érectiles volumineuses, par des ulcères, par un eczéma chronique et rebelle, son adhérence aux parois du crâne.

58° L'oblitération entière, le rétrécissement considérable et la déviation du conduit auditif externe ; la présence de végétations dans sa cavité, ou de polypes, d'exostoses ou de périostoses déterminant une surdité prononcée.

59° La *myringite chronique*, l'*othorrée* purulente avec perforation de la membrane du tympan, et en général tous les écoulements puriformes, abondants et fétides, qui sont entretenus par une carie de quelque portion du rocher ou par la suppuration des cellules mastoïdiennes.

60° L'*obstruction*, le *rétrécissement* ou l'*oblitération* de la trompe d'Eustache, quand ces affections sont accompagnées d'un affaiblissement notable de l'audition.

61° La *surdité nerveuse*, ou la perte absolue (*cophose*), ou la di-

---

(1) Le myope devra pouvoir lire à une distance très-rapprochée du nez sans verres, ou à 35 centimètres avec des verres bi-concaves n° 6 ou 7, et distinguer nettement les objets éloignés, ou lire à une distance minimum de 5 mètres de gros caractères d'imprimerie (le n° 20 de l'échelle typographique) avec des verres bi-concaves n° 4.

minution considérable et ancienne (dysécie) de l'ouïe, quand l'infirmité est bien avérée.

62° La *surdi-mutité*, constatée médicalement, et certifiée par la notoriéte publique.

63° La *division congénitale* des maxillaires supérieurs (gueule de loup) la *perforation de la voûte palatine*, bien que l'on puisse remédier à cette dernière par l'application d'un obturateur.

64° La *proéminence* exagérée ou l'*atrophie* du maxillaire inférieur, les *fractures* non ou mal consolidées, les *pertes de substance* de cet os, les *exostoses*, la *carie*, la *nécrose*, les *kystes osseux*.

65° La *luxation* mal réduite de l'articulation temporo-maxillaire, qui apporte une gène considérable à la mastication, la *luxation* survenant avec une grande facilité et même volontairement, la *constriction* ou le resserrement des machoires et l'*ankylose*.

66° L'*hypertrophie* de la lèvre supérieure, portée au point de nuire à la netteté de la prononciation ; le *bec-de-lièvre* (congénital ou accidentel) très-prononcé, les *dartres* de nature rebelle (mentagre, lupus, etc.) et la *dégénérescence cancéreuse* des lèvres, la *paralysie labiale*, bien constatée, l'*occlusion* incomplète ou les *déformations* de la bouche par suite d'adhérences étendues et vicieuses entre la muqueuse des joues et des gencives.

67° Le *décollement des gencives*, accompagné de l'ébranlement des dents, l'*état fongueux*, l'*hypertrophie*, l'*état scorbutique* des gencives, la *fétidité de l'haleine*, provenant d'une stomatite chronique.

68° La *perte* ou la *carie* des dents incisives et canines d'une mâchoire, la *perte*, la *carie*, ou le mauvais état de la plupart ou d'un grand nombre des autres dents, quand ces conditions s'accompagnent de ramollissement, d'ulcération chronique des gencives, et que la constitution est faible et détériorée, et que, d'ailleurs, les dents existantes sont insuffisantes pour la mastication et la prononciation.

69° Le *prolapsus*, l'*hypertrophie*, la *division congénitale* de la langue, la *perte de substance* un peu considérable et les *adhérences anormales* de cet organe, les *tumeurs* et les *ulcérations* de mauvaise nature.

70° Le *bégayement* très-prononcé, le *mutisme* (congénital ou accidentel).

71° L'*absence du voile du palais*, ses *divisions* ou *pertes de substance*, le *prolapsus de la luette* avec dégénérescence manifeste.

72° La *grenouillette* et les *fistules salivaires* anciennes et incurables.

73° Les *ulcères*, les *cicatrices adhérentes*, les *brides de nature scrofuleuse*, lorsque ces lésions sont étendues, les *tumeurs ganglionnaires du cou* ayant acquis un certain degré de développement et de chronicité.

74° Le *torticolis* considérable, tenant à des causes organiques et rebelles à tout traitement.

75° Le *goître* très-développé et accompagné de difficulté de la respiration quand on presse légèrement sur la tumeur.

76° La *dysphagie* dépendante de causes organiques incurables (vices de conformation, spasme, rétrécissement, coarctation de l'œsophage, paralysie des organes de la déglutition), les *polypes du pharynx*.

77° Le *développement anormal* ou déviation prononcée du larynx, avec dyspnée, la *laryngite chronique* dépendante d'une affection organique incurable, les *fistules, perforations, ulcères, tumeurs, polypes* et les *fractures du larynx*.

78° L'*hypertrophie* de la glande mammaire, ainsi que toute *difformité* et toute *tumeur* pouvant gêner d'une manière notable le port du sac ou de toute autre partie de l'équipement ou de l'armement.

79° La *conformation vicieuse*, la *proéminence* du thorax en forme de carène, l'*enfoncement* très-accusé de la portion inférieure du sternum, avec renversement de l'appendice xiphoïde, soit en dehors, soit en dedans; l'*étroitesse extrême* des parois sterno-costales (1); les *voussures*, les *tumeurs*, les *déviations partielles* des côtes ou du sternum; le *rétrécissement exagéré* d'un des côtés de la poitrine, la *mobilité* excessive des fausses côtes, les *luxations* et les *fractures* mal réduites, les *difformités* très-prononcées de la clavicule; l'*enfoncement* des côtes; les *fractures* des côtes et de leurs cartilages, non consolidées ou consolidées vicieusement; l'*ostéite*, l'*exostose*, la *carie*, la *nécrose* et l'*ostéosarcome* des côtes, du sternum ou de la clavicule; la *résection* appliquée à l'un de ces os, quelles qu'en soient les suites.

80° La *bronchite*, la *pleurésie* et la *pneumonie* chroniques, avec gêne notable de la respiration et dépérissement; l'*emphysème* du poumon, lorsqu'il est notablement développé, et quelle que soit sa forme; l'*asthme* confirmé quelle qu'en soit la cause immédiate; la *tuberculisation pulmonaire* confirmée quels que soient son siége et son degré de développement (2); l'*hydrothorax* et le *pnemothorax*, les *plaies*, les *hernies*, ainsi que toutes les lésions de la trachée, des bronches, de la plèvre et du poumon, caractérisées par l'*aphonie* (3), ou par une altération notable et réelle de la respiration et de la voix.

---

(1) Eu égard au minimun légal (1m54) de la taille, la circonférence thoracique pour les hommes de petite taille doit dépasser la 1/2 taille, de manière à mesurer au moins 784 millimètres. Quant aux hommes de taille plus élevée, le rapport entre la taille et la circonférence thoracique servira de guide pour le jugement à porter. Un thorax peu développé n'exclut pas du service dans la cavalerie légère, quand le reste du corps est bien constitué et que les bras sont bien musclés.

(2) La réforme doit être proposée pour tout homme phtisique, dès le premier signe certain de tuberculisation.

(3) L'aphonie est presque toujours le résultat d'une lésion organique du larynx, facile à diagnostiquer ; alors le jugement à prononcer est rendu facile ; elle peut aussi, plus rarement, exister sans lésion organique, et dans ce cas on doit se mettre en garde contre la simulation.

81° Les *déplacements du cœur* par suite d'une maladie pulmonaire ou pleurale, les *adhérences et l'hydropisie* du péricarde, l'*hypertrophie* et *l'atrophie* du cœur, les *rétrécissements* et les *insuffisances* valvulaires, l'*anévrisme* du cœur ou de l'aorte, ainsi que toutes les affections chroniques du péricarde, du cœur et des gros vaisseaux, caractérisées par des palpitations ou un affaiblissement notable des contractions cardiaques, par des bruits prononcés de souffle ou de frottement, par le frémissement cataire ou par une gêne évidente de la circulation ou de la respiration.

82° Les *cicatrices bridées* ou *adhérentes* des parois abdominales; les *fistules* gastriques, intestinales ou biliaires, les *tumeurs* superficielles ou profondes de l'abdomen; les *intumescences* du foie et de la rate, tenant à des altérations organiques; les *phlegmons* profonds de la fosse iliaque; les *abcès* symptomatiques d'une carie osseuse; les *adénites étendues* de nature scrofuleuse; les *lésions* organiques de l'estomac, des intestins, du péritoine, les *tumeurs* du mésentère, les *vomissements* nerveux persistants avec une altération prononcée de la constitution.

83° Les *hernies abdominales*, confirmées anciennes ou récentes, faciles ou difficiles à réduire ou à maintenir réduites quels que soient leur siége, les *pointes de hernie* même (1).

84° Les *cicatrices* profondes et bridées de l'anus, les *abcès symptomatiques* de la carie de l'ischion, les *fistules anales*, les *fissures* à l'anus, si elles sont profondes, de mauvais caractère, et liées à une maladie chronique interne; le *rétrécissement* du rectum résultant d'un engorgement squirrheux ou d'une tumeur née de ses parois ou agissant sur elles par compression; les *hémorrhoïdes* internes ou externes, ulcérées ou non ulcérées, lorsqu'elles sont très-volumineuses; la *chute du rectum*, quelle qu'en soit la cause immédiate, la *procidence* de la muqueuse rectale, si elle est très-marquée, l'*anus contre nature*.

85° L'*incontinence* et la *rétention* d'urine avérées, l'*hématurie* constatée, l'*albuminurie*, la *gravelle* et les *calculs rénaux*, les *abcès* ou dépôts urineux, les *fistules* urinaires, la *néphrite* chronique, quelle que soit sa forme, les *calculs vésicaux* ou tout autre corps étranger dans la cavité vésicale, la *cystite chronique*.

86° L'*absence* ou l'*imperforation* de l'urètre, l'*épispadias* et l'*hypospadias* qui ne permettent pas d'uriner sans se salir, les *rétrécissements* urétraux et les *fistules* urétrales qui ne permettent pas de projeter l'urine à distance, l'*hypertrophie* et l'*induration* de la prostate.

87° L'*hermaphrodisme*, quelle qu'en soit la forme, la *perte* entière

(1) La simple prédisposition aux hernies caractérisée par la dilatation des anneaux, ne doit pas déterminer l'exemption du service armé. Pour les hommes incorporés la hernie inguinale ne motive la réforme que lorsqu'elle est volumineuse, difficile à réduire ou à maintenir réduite, c'est-à-dire lorsqu'elle constitue un danger pour l'individu et pour le service.

ou presque totale des organes génitaux (1), la *cirsocèle* très-considérable, douloureuse, et se gonflant par la station debout, quand il n'y a pas de doute sur la gêne qu'elle peut provoquer, l'*hydrocèle* volumineuse, la *perte*, l'*atrophie* ou une *altération organique* du testicule et du cordon, la *spermatorrhée*.

88° Les *gibbosités* ou *difformités* du rachis, les *déviations* congénitales, accidentelles ou symptomatiques du mal de Pott, les *fractures* ou luxations incomplètes des vertèbres cervicales, l'*arthropathie* cervicale chronique, l'*ankylose* rachidienne, la *déformation* du bassin, le *relâchement* des symphyses, l'*arthropathie* sacroiliaque.

89° L'*inégalité congénitale des membres*, qu'elle existe aux membres supérieurs ou aux membres inférieurs, l'*incurvation*, l'*allongement* ou le *raccourcissement* du bras ; l'état *cagneux* des jambes, quand cette défectuosité est très-prononcée, et en général toutes les difformités des membres inférieurs résultant du rachitisme.

90° Une perte de substance d'un membre, résultant d'une mutilation ou d'une opération (résection ou amputation).

91° Les *déformations* résultant de fractures vicieusement consolidées et entravant les mouvements, le *relâchement* des ligaments d'une articulation, suite d'entorse ou de luxation ancienne, et tel que les mouvements habituels peuvent déterminer une luxation.

92° Les *varices*, quand on ne peut expliquer leur existence par aucune cause locale ou aucune influence professionnelle, qu'elles sont très-multipliées, douloureuses, en paquets volumineux, et exposées par leur siége à s'ulcérer ou à se crever par les efforts, l'*éléphantiasis* des membres, les *névralgies* (sciatique, rhumatismale) quand elles sont chroniques et ont déterminé une diminution notable dans le volume et la force du membre, l'*arthrite goutteuse* chronique.

93° Les difformités très-prononcées des mains (2) ; la *flexion* ou l'*extension permanente*, et l'*incurvation* des doigts, quand ces lésions sont bien constatées, et que l'usage de la main en est très-gêné.

94° Les membres *surnuméraires*, à moins que le doigt ou l'orteil surnuméraire n'ait une organisation complète et n'augmente la force du membre, sans nuire à la liberté des mouvements, ou à l'application de la chaussure; les doigts ou les orteils *palmés*; — pour

---

(1) L'absence des testicules, chez un sujet qui présente d'ailleurs tous les autres signes de la virilité et qui n'offre aucune trace matérielle de mutilation ou d'opération chirurgicale doit faire supposer que ces organes sont restés dans l'abdomen. Cette absence apparente ne constitue pas un motif d'inaptitude au service militaire Si les testicules étaient retenus dans l'anneau, il y aurait lieu à proposer sinon l'exemption, du moins le classement dans le service auxiliaire, en raison des douleurs que, ainsi placés, ils provoquent, à cause aussi de la prédisposition qu'ils ont alors à s'atrophier, à produire des hernies.

(2) Les déformations des mains dues à la profession ne constituent pas un motif d'exemption. Le changement d'état suffit pour les amoindrir. Du reste, les sujets qui les présentent peuvent être classés dans les diverses compagnies d'ouvriers militaires.

la main : 1° quand la membrane réunit tous les doigts d'une main, lors même qu'elle ne s'étendrait qu'à la première articulation phalangienne; 2° quand deux doigts sont réunis d'un bout à l'autre; — pour les orteils, quand ils sont réunis en une seule masse par la membrane depuis leur insertion jusqu'à leur extrémité.

95° Les *mutilations des doigts et des orteils*, consistant dans : 1° la perte totale d'une phalange à un pouce ou à un gros orteil ; 2° la perte totale d'une phalange à l'indicateur droit, ou de deux phalanges à l'indicateur gauche ; 3° la perte totale et simultanée de deux phalanges à deux doigts; 4° la perte totale et simultanée de deux orteils ; 5° la perte totale et simultanée d'une phalange aux trois derniers doigts, ou aux quatre derniers orteils.

96° Les *pieds plats* et *déviés*, qui obligent à marcher sur leur bord interne (1), la *déviation* considérable ou superposition d'un ou de plusieurs orteils, susceptibles de donner naissance à des excoriations habituelles ; la disposition de l'orteil en *marteau*, qui oblige à marcher sur l'ongle même (2).

97° La *saillie anormale* très-prononcée de la tubérosité du premier métatarsien ; les *hypérostoses* ou autres lésions des orteils s'opposant au port de la chaussure.

98° L'*ongle incarné*, avec complication de fongosité des chairs, — le *mal perforant* du pied.

99° La *bromidrose* abondante des mains et surtout des pieds, quand la peau en est ulcérée, ou qu'elle est bien avérée.

100° La *difformité du corps entier*, résultant d'un défaut d'harmonie ou d'une claudication tenant au plus grand nombre des lésions précédentes, lorsqu'elles existent aux membres inférieurs.

En résumé :

Au point de vue des opérations médicales relatives au recrutement et à la composition de l'armée, les lésions dont l'énumération précède peuvent entraîner :

Pour inaptitude temporaire.

DANS LES CAS D'APPELS :

1° L'*ajournement à un nouvel examen* quand les affections sont légères ou peu prononcées et que d'ailleurs, quels que soient leur gravité, leur degré et leur siége dans un organe important leur guérison est probable, ou que l'état de convalescence consécutif ne doit pas dépasser la période légale d'ajournement. — 20.

Pour inaptitude absolue ou à tout service armé.

DANS LES CAS D'APPELS :

2° L'*exemption définitive*, quand elles sont très-prononcées, patentes ou bien constatées.

---

(1) Les pieds plats sans déformation des os et simplement larges n'excluent pas du service.

(2) Des pieds dont les orteils sont légèrement incurvés et superposés n'excluent pas du service dans la cavalerie ou dans l'artillerie à cheval.

DANS LES CAS D'ENGAGEMENTS ET DE RENGAGEMENTS :

3° La *non-acceptation*. — Leur constatation doit être faite devant l'autorité militaire.

POUR LES HOMMES SOUS LES DRAPEAUX:

4° La *réforme ou la retraite*. — L'appréciation de leur origine, de leur incurabilité et de leur gravité réclame toujours l'intervention de plusieurs médecins: pour la réforme (certificats de visite et de contre-visite); pour la *retraite* (certificats d'incurabilité, d'examen et de vérification).

Pour inaptitude relative.

DANS LES CAS D'APPELS :

5° Le *classement dans le service auxiliaire*, quand elles ne sont pas assez prononcées pour motiver l'exemption ou la réforme et que, par leur caractère et leur nature, elles permettent de réserver les sujets qui en sont atteints pour les utiliser en temps de guerre.

(Le tableau n° 2 ci-après en donne l'énumération complète).

TABLEAU N° 2.

Nomenclature DES MALADIES, INFIRMITÉS ET DIFFORMITÉS, qui sont incompatibles avec le service actif ou armé, et qui ne rendent pas impropre au service auxiliaire (1).

1° L'*obésité*, quand elle n'est pas trop prononcée;

2° Une légère *incurvation du rachis*, ou une gibbosité peu accusée;

3° Une légère *claudication*;

4° La *calvitie* ou l'*alopécie*;

5° Le *strabisme* léger de l'œil droit, ou plus prononcé de l'œil gauche, sans diminution notable de la vision.

6° La *myopie* qui n'atteint pas le degré qui motive l'exemption, mais assez prononcée pour nécessiter le port des lunettes dans le service (celle de 1/5 à 1/4).

7° La *blépharite* simple, quoique ancienne;

8° L'*épiphora*;

9° Un *léger affaiblissement de l'ouïe*, avec ou sans perforation de la membrane du tympan;

10° La *surdité* d'un seul côté sans catarrhe;

11° Le *bec-de-lièvre* peu étendu;

12° La *perte* ou le *mauvais état* d'un grand nombre de dents;

13° Le *bégayement* quand il n'est pas excessif;

---

(1) Les hommes sous les drapeaux ne sont jamais classés dans le service auxiliaire; ils sont réformés s'il y a lieu.

14° Le *goître* confirmé, quand il n'apporte pas de gêne dans la respiration.

15° La *hernie* inguinale ou crurale peu développée, et facile à maintenir réduite avec un bandage (1);

16° La *cirsocèle* et la *varicocèle*, les *varices*, à moins qu'elles ne soient très-développées;

17° La *faiblesse d'une articulation* consécutive à une entorse ou à une luxation;

18° L'*inégalité* ou *raccourcissement* peu prononcé du membre supérieur ou l'incurvation dans l'articulation du coude, sans gêne dans les mouvements;

19° L'*incurvation* d'un ou plusieurs doigts, la *flexion permanente*, ou l'*ankylose d'un doigt* qui ne s'oppose pas au travail du service spécial auquel le sujet sera employé;

20° L'*incurvation* des jambes, à moins qu'elle ne soit très-prononcée;

21° Les *mutilations de doigts* ou *d'orteils* par suite d'amputation de phalanges;

22° Les *pieds plats* et peu déviés;

23° L'*ongle incarné* compliqué de fongosité des chairs;

24° Les *difformités* gênant le port du casque ou du shako et de l'équipement.

CLOTURE DES OPÉRATIONS ET LISTES DE RECRUTEMENT.

126. — Lorsque les jeunes gens portés sur les tableaux de recensement ont fait des réclamations dont l'admission ou le rejet dépend de la décision à intervenir sur des questions judiciaires relatives à leur état ou à leurs droits civils, le conseil de révision ajourne sa décision ou ne prend qu'une décision conditionnelle; c'est-à-dire qu'il se borne à constater l'aptitude au service du réclamant.

Les questions sont jugées contradictoirement avec le préfet, à la requête de la partie la plus diligente. Les tribunaux statuent sans délai, le ministère public entendu.

127. — Hors les cas indiqués en l'article précédent, les décisions du conseil de révision sont définitives. Elles peuvent, néanmoins, être attaquées devant le conseil d'Etat pour incompétence et excès de pouvoirs. Elles peuvent aussi être attaquées pour violation de la loi, mais par le Ministre de la guerre seulement et dans l'intérêt de la loi. Toutefois l'annulation profite aux parties lésées.

128. — Cependant quand un jeune homme est signalé comme ayant été indûment exempté ou dispensé, le préfet en rend compte au Ministre de la guerre qui, suivant le cas, défère l'homme aux tribunaux civils, ou le rétablit simplement en tête de la première

---

(1) A moins qu'elle ne soit très-difficile à réduire ou à maintenir réduite, elle n'est pas un empêchement à un rengagement.

partie de la classe appelée, après qu'il a été reconnu que l'exemption ou la dispense avait été indûment accordée.

C'est également aux préfets que doivent être adressées les réclamations des jeunes gens qui peuvent se croire lésés par les décisions des conseils de révision. Ce fonctionnaire transmet au Ministre de la guerre celles qui lui paraissent fondées.

129. — De ce que les décisions peuvent être attaquées devant le conseil d'Etat ainsi qu'il est dit en l'article 127, elles n'en conservent pas moins le caractère d'irrévocabilité : dès que le président a proclamé une décision, elle est acquise à l'intéressé et ne peut plus être modifiée par le conseil de révision.

130. — Lorsque, en raison des réclamations formulées, un délai devient nécessaire aux jeunes gens soit pour se présenter, soit pour produire des pièces justificatives, les conseils peuvent ajourner leur solution à telle séance qu'ils jugent convenable, sans que ce délai puisse, en aucun cas, dépasser de plus de vingt jours la date annuellement fixée par décret pour la fin de la tournée.

L'appelé qui a ainsi obtenu un délai, bénéficie des droits à l'exemption où à la dispense qui peuvent naître en sa faveur pendant la durée de l'ajournement; de même qu'il peut se trouver privé de ceux qui cesseraient d'exister.

131. — Après que le conseil de révision a statué sur les cas d'exemption et sur ceux de dispense, ainsi que sur toutes les réclamations auxquelles les opérations peuvent donner lieu, constaté la validité des inscriptions effectuées sur les tableaux de recensement et la régularité des opérations du tirage au sort, rayé de la liste tout jeune homme qui lui a paru inscrit contrairement aux prescriptions de la loi, ou qui, depuis le tirage, serait devenu indigne, ou aurait perdu la qualité de Français, il arrête définitivement et signe les *listes du recrutement cantonal.*

Chacune de ces listes est divisée en cinq parties et comprend :

1° Par ordre de numéros de tirage tous les jeunes gens déclarés propres au service et qui ne doivent pas être classés dans les catégories suivantes ;

2° Tous les jeunes gens dispensés en vertu de l'art. 17 de la loi ; — (*art. 12 du Manuel*).

3° Tous les jeunes gens conditionnellement dispensés en vertu de l'art. 20 de la loi (14), liés au service en vertu d'un engagement volontaire, d'un brevet ou d'une commission, et les jeunes marins inscrits ; — 14!.

4° Les jeunes gens qui, pour défaut de taille ou pour toute autre cause, ont été dispensés du service dans l'armée active, mais ont été reconnus aptes à faire partie d'un des services auxiliaires de l'armée ;

5° Enfin, dans les jeunes gens qui ont été ajournés à un nouvel examen du conseil de révision.

132. — Ensuite le conseil, auquel sont adjoints deux autres membres du conseil général, également désignés par la commission permanente et réuni au chef-lieu du département, prononce sur les demandes de dispenses pour soutiens de famille et sur les demandes de sursis d'appel. Ce travail doit être terminé dans le délai de vingt jours indiqué ci-dessus (130).

La liste des hommes qui ont obtenu un sursis d'appel (*mod. n° 4, J. M.* 1-73, 559), est adressée, sans retard, au général commandant la subdivision, qui la fait parvenir au commandant du bureau de recrutement. Cet envoi est accompagné de la liste nominative de ceux des jeunes gens de la classe précédente dont les sursis d'appel ont été renouvelés pour une seconde année.

133. — Il est dressé procès-verbal sur un registre côté et paraphé à l'avance des opérations effectuées dans chaque canton par le conseil.

134. — Les préfets, les généraux subdivisionnaires et les sous-intendants adressent, chaque année, au Ministre de la guerre, sur des imprimés qu'ils reçoivent à cet effet, et sans lettre d'envoi, un rapport sur les opérations de la révision ; les préfets y joignent un compte numérique et sommaire et de plus l'état nominatif des élèves de l'Ecole polytechnique et de l'Ecole forestière, et des dispensés à titre conditionnel (*V. mod. au J. M.* 1-73, 551, *et* 1-74, 226). — 24, 14.

135. — Les préfets dressent, en outre, et envoient au général de brigade commandant la subdivision territoriale la liste nominative des soutiens de famille.

136. — Les conseils de révision sont *permanents*, c'est-à-dire que le préfet, *président*, peut en tout temps en rassembler les membres. Toutefois, l'officier supérieur appelé pour suppléer le général de brigade, cesse ses fonctions 20 jours après la réunion des listes cantonales. Après son départ, le général de brigade commandant sur les lieux et, à son défaut, des officiers supérieurs portés sur une liste envoyée au préfet par le général de division, entrent dans le conseil.

Du registre matricule et du contrôle sommaire (1).

REGISTRE MATRICULE.

137. — Les commandants des bureaux de recrutement tiennent un registre matricule (*mod. n°* 1, *J. M.* 2-73, 73) pour chaque classe d'hommes appartenant soit à l'armée active, soit à la réserve.

A cet effet, le préfet du département leur envoie une expédition de la liste du tirage de chaque canton. Ce document est complété par chaque commandant de recrutement au moyen des renseignements pris pendant les séances du conseil de révision. — 95.

138. — Le registre matricule comprend, dans l'ordre où les cantons ont été examinés et dans celui des numéros de tirage, tous les jeunes gens qui n'ont pas été déclarés impropres à tout service militaire ou qui n'ont pas été ajournés à un nouvel examen du conseil de révision. Les jeunes gens ajournés ne sont inscrits qu'après que le conseil de révision les a définitivement reconnus propres au service. Les engagés conditionnels d'un an, non plus que les engagés volontaires pour cinq ans ou les inscrits maritimes, ne figurent sur le registre que lorsqu'ils ont été portés

(1) C. M. 14 juillet 1873, J. M. p. 65. — L. 24 juillet 1873, J. M. p. 35. — C. M. 16 déc. 1873, J. M. p. 521.

sur les listes du recrutement cantonal de la classe à laquelle ils appartiennent par leur âge.

Ce registre mentionne l'incorporation de chaque homme inscrit ou la position dans laquelle il est laissé, et successivement tous les changements qui peuvent survenir dans sa situation, jusqu'à ce qu'il passe dans l'armée territoriale.

139. — Après qu'un registre a été établi, les commandants de recrutement le comparent aux listes du recrutement cantonal déposées à la préfecture. Le sous-intendant militaire le vérifie au moyen d'une copie sommaire desdites listes que lui fait parvenir le préfet dans le délai de trente jours, après la date fixée pour la clôture de la tournée de révision.

140. — Les mutations survenues parmi les hommes après leur mise en route et intéressant leur position au point de vue du recrutement, telles que passage dans la disponibilité, dans la réserve de l'armée active, réforme, décès, condamnation entraînant exclusion des rangs de l'armée, etc., sont notifiées aux commandants du recrutement par les conseils d'administration des corps, au moyen de l'envoi des feuilles matricules où la mutation est relatée. Les conseils d'administration font également connaître aux commandants des bureaux de recrutement, au moyen d'un bulletin, sans envoi de feuilles matricules, les mutations des hommes nommés officiers, de ceux qui ont obtenu des brevets ou des commissions, qui ont subi des condamnations entraînant prolongation de service, ou qui ont contracté des rengagements.

Quant aux mutations qui surviennent parmi les hommes envoyés dans la disponibilité et dans la réserve de l'armée active, elles sont portées à la connaissance des commandants de recrutement par les commandants des brigades de gendarmerie. Ceux-ci reçoivent, à cet effet, de ceux-là, l'état nominatif des jeunes gens de la réserve et de la disponibilité appartenant à la circonscription de leur brigade. En cas de décès ou de condamnation, ils joignent à l'avis de mutation un extrait de l'acte de décès ou du jugement. — 147.

CONTROLE SOMMAIRE.

141. — Indépendamment du registre matricule où les hommes sont inscrits par canton, les commandants de recrutement tiennent, pour chaque classe, un contrôle sommaire où les jeunes gens sont groupés dans l'ordre des situations qui leur ont été assignées par les décisions des conseils de révision.

Ce contrôle (*mod. n° 2, J. M.* 2-73,77), est divisé en cinq sections ; savoir :

La première comprend tous les jeunes gens de la première partie de la liste (131); ils sont classés séparément dans l'ordre suivant :

1° Jeunes gens susceptibles d'être dirigés immédiatement sur un corps de l'armée active ;

2° Jeunes gens dispensés à titre provisoire comme soutiens de famille ;

3° Jeunes gens qui ont obtenu des sursis d'appel.

La deuxième, tous les jeunes gens dispensés du service d'activité en temps de paix, en vertu de l'art. 17 de la loi (12), et ceux qui ont été classés dans la disponibilité, conformément aux dispositions finales du même article (331) pour des motifs survenus postérieurement à la décision du conseil de révision.

La troisième, tous les jeunes gens compris dans la troisième partie de la liste, et auxquels on ajoute les élèves de l'Ecole polytechnique et de l'Ecole forestière. Ces inscriptions se font séparément dans l'ordre ci-après :

1° Annotés comme présents dans l'armée active (24, art. 19 de la loi);
2° Dispensés en vertu de l'ar. 20 de la loi; — 14.
3° Dispensés en vertu de l'art. 21 de la loi; — 15.

La quatrième, les jeunes gens classés dans le service auxiliaire.

La cinquième, les jeunes gens qui ont été ajournés à un nouvel examen du conseil de révision.

142. — Lorsque, par suite de modifications survenues dans la position des hommes, ils passent dans une autre catégorie que celle où ils figuraient dans le principe, ils sont rayés de la section où ils avaient été inscrits et portés dans la section à laquelle ils doivent désormais appartenir. Les jeunes gens ajournés que le conseil de révision déclare ensuite impropres à toute espèce de service sont rayés définitivement du contrôle sommaire.

CHANGEMENTS DE RÉSIDENCE.

143. — Les changements de domicile sont relatés sur la matricule et le contrôle sommaire par les moyens indiqués ci-après.

144. Tout homme inscrit sur le registre matricule, qui veut changer de domicile, est tenu d'en faire la déclaration à la mairie de la commune qu'il va quitter. Il doit, en outre, faire la même déclaration à la mairie du lieu où il vient s'établir, ou, s'il est allé se fixer en pays étranger, à l'agence consulaire de France. Ces déclarations peuvent être faites par un membre de la famille du militaire. — *V. ci-après* 162.

145. — De plus, aucun militaire de la disponibilité de l'armée active ou de la réserve ne peut résider ou aller demeurer dans les départements de la Seine ou de Seine-et-Oise sans autorisation. (*C. M.* 24 *avril* 1873, *J. M. p.* 422; - 27 *mars* 1874, *J. M. p.* 385).

146. — Les maires transmettent dans les huit jours copie de ces déclarations au commandant de recrutement de la circonscription dans laquelle se trouve leur commune; l'agent consulaire, dans le même délai en envoie copie au Ministre de la guerre.

147. — Les militaires rentrés dans leurs foyers, en disponibilité ou dans la réserve de l'armée active, doivent, s'ils changent de domicile ou de résidence, soumettre leur titre au visa du commandant de la brigade de gendarmerie de la localité qu'ils quittent, et lorsqu'ils ne sortent pas du territoire français, à celui du commandant de la brigade du lieu où ils viennent s'établir.

Chacun des commandants de brigade de gendarmerie ainsi avisé porte immédiatement la mutation à la connaissance du commandant du bureau de recrutement de son département.

La même prescription est applicable aux jeunes gens dispensés par les conseils de révision, en vertu des articles 17 et 22 de la loi (12, 17). Ceux de ces jeunes gens qui veulent changer de domicile ou de résidence doivent se munir d'un certificat délivré par le préfet de leur département et constatant leur position sous le rapport du recrutement; et ils soumettent cette pièce au visa de la gendarmerie.

148. — Les jeunes gens qui transportent leur domicile ou leur résidence hors du département dans lequel ils ont satisfait à la loi du recrutement n'en continuent pas mois de figurer sur le registre matricule de ce département pour tout le temps de la durée de leur service dans l'armée active ou dans la réserve de ladite armée; mais ils sont portés en même temps dans le département où ils ont établi leur domicile ou leur résidence, sur un registre (*mod. n°* 3, 2-73, 81). A cet effet, le commandant du bureau de recrutement du département dans lequel l'homme est inscrit au registre matricule adresse à son collègue du département où celui-ci a transporté son domicile ou sa résidence, une feuille signalétique (*mod. n°* 4, 2-73, 85) qui lui est retournée aussitôt après l'inscription au registre n° 3, ou dans le délai d'un mois, si l'homme n'est pas arrivé.

DISPOSITIONS PARTICULIÈRES A L'ARMÉE DE MER.

149. — Les inscrits maritimes compris sur les listes du recrutement sont portés sur le registre matricule, mais avec cette simple mention : « *Inscrit maritime du quartier de... n°...* »

Les dispositions indiquées ci-dessus (143) ne leur sont pas applicables.

150. — Lorsque, pour un motif quelconque, ils sont rayés des contrôles, le commissaire de l'inscription maritime notifie directement la mutation au commandant de recrutement, auquel il adresse l'état signalétique et de service de l'homme, pour être transcrit sur le registre matricule.

151. — Les hommes de l'armée de mer provenant du recrutement et de l'engagement volontaire sont soumis aux mêmes règles que ceux de l'armée de terre, en ce qui concerne les changements de domicile ou de résidence en France; mais ils ne peuvent se rendre à l'étranger qu'avec l'autorisation du Ministre de la marine.

Pénalités.

152. — La loi du 27 juillet 1872 édicte certaines peines qu'il n'entre pas dans notre plan d'énumérer. On pourra, à cet égard consulter le titre V de ladite loi.

153. — Ainsi elle prescrit de déférer aux tribunaux :

1° Les jeunes gens qui ne font pas les déclarations de changement de domicile après leur inscription sur le registre matricule dont nous avons parlé ci-dessus. — 137.

Dans ce cas les poursuites sont faites à la diligence de l'autorité militaire du domicile que l'homme a quitté sans déclaration, sur le vu du procès-verbal dressé par la gendarmerie, et les jeunes gens sont dirigés, par les soins de l'autorité militaire, sur le lieu qu'ils ont quitté sans prévenir l'autorité municipale ;

2° Toutes les fraudes ou manœuvres coupables en matière de recrutement;

3° Les jeunes gens qui n'obéissent pas aux ordres de route ;

4° Les recéleurs des insoumis et ceux qui les font évader ou retardent leur départ ;

5° Ceux qui se rendent impropres au service et leurs complices ;

6° Tout fonctionnaire ou officier public, civil ou militaire, coupable d'avoir favorisé ou facilité la fraude ou fait de fausses déclarations ;

7° Ceux qui ont fait des dons ou promesses, ou des tentatives des délits ci-dessus. — 5.

154. — Nul n'est admis, avant l'âge de trente ans accomplis, à un emploi civil ou militaire, s'il ne justifie avoir satisfait aux obligations de la loi de recrutement.

Composition de l'armée active (1).

155. — L'armée active est composée, indépendamment des militaires faisant partie de corps, d'établissements et de personnels ne se recrutant pas par la voie des appels, de tous les jeunes gens déclarés propres à un des services de l'armée et compris dans les cinq dernières classes appelées.

156. — Il convient donc de distinguer dans l'armée active, et sans tenir compte des officiers et des militaires commissionnés, les catégories suivantes; savoir :

La première, composée des militaires provenant du recrutement annuel et de l'engagement volontaire, comptant à l'effectif des corps de troupe, personnels et établissements divers ; c'est-à-dire:

1° Des jeunes soldats devant servir réellement pendant cinq ans ou environ ;

2° Des jeunes soldats de la 2me portion de la première partie de la liste du recrutement cantonal, ne devant servir que pendant six mois, un an ou deux ans au plus ; — 32, 166, 196.

3° Des engagés non compris dans les contingents annuels.

La deuxième composée des militaires de la disponibilité. — *V. ci-après* 341.

157. — Entre l'armée active et la disponibilité, on distingue deux catégories particulières :

1° Celle des jeunes gens en sursis d'appel ; — 26, 365.
2° Celle des ajournés. — 20, 366.

(1) D. 18 juin 1873, J. M. p. 661.

158. — Enfin, une autre catégorie, celle des dispensés à titre conditionnel pour les causes énoncées en l'art. 14, échappe complètement au service militaire tant que subsistent ces causes.

159. — L'armée de mer est composée, indépendamment des hommes fournis par l'inscription maritime : — 15.

1° Des hommes qui ont été admis à s'engager volontairement ou à se rengager dans cette armée ;

2° Des jeunes gens qui, au moment des opérations du conseil de révision, ayant demandé à entrer dans un des corps de la marine, ont été reconnus propres à ce service ;

3° Enfin et à défaut d'un nombre suffisant d'hommes compris dans les deux catégories précédentes, du contingent du recrutement affecté par décision du Ministre de la guerre à l'armée de mer. Ce contingent fourni par chaque canton dans la proportion fixée par ladite décision, est composé des jeunes gens compris dans la première partie de la liste du recrutement, disponibles, et auxquels sont échus les premiers numéros sortis au tirage au sort.

160. — Des permutations peuvent avoir lieu entre les jeunes gens affectés à l'armée de mer et ceux de la même classe affectés à l'armée de terre qui, à raison de leurs numéros de tirage, doivent être maintenus sous les drapeaux au delà d'une année.

Elles se font de la manière suivante, avant incorporation et sans accord préalable entre les intéressés, en vertu de décisions prises par le Ministre de la guerre de concert avec celui de la marine :

Les jeunes soldats liés au service en vertu d'engagements volontaires, de devancements d'appel, ou qui ont demandé à faire partie du contingent de la marine lors des opérations des conseils de révision ne peuvent être admis à permuter. Ne peuvent de même être présentés ceux auxquels les premiers numéros ont été attribués d'office, préalablement au tirage, pour les motifs énoncés à l'art. 72.

Le jeune soldat qui désire passer de l'armée de terre dans l'armée de mer ou réciproquement, adresse au commandant de recrutement de son département une demande contenant l'indication du corps qu'il choisit. Cet officier transmet au Ministre de la guerre un état des demandes qu'il a reçues, accompagné pour chacun des candidats à l'armée de mer, de l'indication de sa taille, de sa constitution physique et de sa profession.

En cas d'inégalité entre le nombre de demandes provenant de jeunes soldats respectivement affectés à l'armée de terre et à l'armée de mer, il est procédé, au ministère, après avis préalable, publiquement et par voie de tirage au sort, à la désignation de ceux qui seront admis au bénéfice de la permutation.

161. — Après que la permutation demandée par un jeune soldat de l'armée de terre pour passer dans un corps de l'armée de mer, a été autorisée, il ne peut, sans son consentement, être changé de corps pour passer des équipages de la flotte dans un des corps de troupes de la marine ou réciproquement.

162. — Les militaires de la disponibilité, de l'armée territoriale et des réserves de l'armée de terre peuvent passer dans l'armée de mer.

A cet effet, ils en font la déclaration à la mairie de leur domicile, dans la forme prescrite pour les changements de résidence (144); et reçoivent un certificat constatant cette déclaration.

Ils remettent ce certificat à l'autorité maritime qui les inscrit provisoirement sur ses rôles.

L'autorisation de les y inscrire définitivement est donnée par les commandants de corps d'armée sur le vu d'un certificat émanant d'un commissaire de l'inscription maritime, et énonçant qu'ils réunissent les conditions de navigation exigées par la loi du 3 brumaire an IV. (*A. M.* 29 *avril* 1874, *J. M. p.* 437).

Versement du contingent annuel dans l'armée.

163. — L'armée active, dit la loi, se recrute sur l'ensemble du territoire de la France. Voici l'application de cette règle :

164. — Aussitôt après la clôture des opérations du conseil de révision les jeunes gens appelés sont mis à la disposition des Ministres de la guerre et de la marine, immatriculés dans les divers corps des armées de terre ou de mer et envoyés, soit dans lesdits corps, soit dans des bataillons et écoles d'instruction. Ils prennent alors le titre de *jeunes soldats.*

165. — Le Ministre de la guerre indique les époques de mise en route dès qu'une décision du Président de la République a prescrit l'appel à l'activité.

DÉSIGNATION POUR LES DIVERS CORPS (1).

166. — Après avoir prélevé le contingent destiné à l'armée de mer, le Ministre de la guerre répartit les jeunes soldats de la 1re partie des listes du recrutement cantonal restant disponibles, en deux portions :

La première, qui doit accomplir cinq années de service actif et être dispersée sur toute la surface du territoire, dans tous les corps de l'armée, suivant les besoins, est prise dans les numéros qui suivent immédiatement ceux affectés à l'armée de mer.

La seconde, qui ne doit faire effectivement (sauf les cas de guerre et de mobilisation) que six mois, un an et par exception deux ans, est composée des derniers numéros des listes et répartie dans les corps d'infanterie, du train d'artillerie et des équipages militaires *seulement*, stationnés dans la région du corps d'armée où les hommes sont inscrits. — 143, 188.

167. — La désignation des jeunes soldats pour les divers corps, est faite par le général de brigade commandant la subdivision, à défaut, par l'officier supérieur ayant fait partie du conseil de révision, assisté du commandant de recrutement, et au moyen de la liste d'aptitude qu'a dû dresser celui-ci pendant sa tournée.

---

(1) Art. 11 et suiv. de la loi du 24 juillet 1873, J. M. p. 37. — Répartition de la classe 1872, J. M. p. 377 de la partie supplémentaire du 2e s. 1873.

168. — La première portion est composée en suivant l'ordre absolu des numéros de la liste de chaque contingent cantonal, et quelle que soit d'ailleurs la position des jeunes soldats auxquels ces numéros appartiennent.

On procède dans l'ordre indiqué annuellement par le Ministre et de façon à ce que les non-valeurs soient toujours supportées d'abord par l'armée de terre et dans celle-ci par l'infanterie de ligne.

Le Ministre fait connaître tous les ans la manière de répartir les hommes exerçant certaines professions, réunissant certaines qualités d'aptitude.

Les jeunes soldats qui ont devancé l'appel entre les opérations des conseils de révision (173) et la répartition ministérielle sont précomptés aux diverses armes et, autant que possible, aux divers corps auxquels ils ont été attribués.

169. — Les jeunes gens condamnés pour le fait de mutilation volontaire sont, à l'expiration de leur peine, remis à l'autorité militaire et dirigés sur la 2me compagnie de pionniers de discipline.

170. — Les élèves des écoles vétérinaires compris dans un contingent peuvent, sur la demande des directeurs de l'école où ils étudient, être autorisés à continuer leurs études et être incorporés, pour ordre, dans un régiment de cavalerie duquel ils sont considérés comme détachés jusqu'à leur sortie de l'école. A cet effet, ils sont maintenus en sursis de départ et annotés comme disponibles dans leurs foyers.

Ces sursis sont accordés par décisions ministérielles, sur une demande *motivée* du directeur de l'école vétérinaire, appuyée par le général commandant la division territoriale dont les élèves font partie comme jeunes soldats. La demande doit indiquer la date à laquelle les études seront terminées. A l'expiration de ces sursis, ils sont immédiatement dirigés sur les corps auxquels ils sont affectés.

Si avant la fin de ses études, le titulaire d'un sursis de départ venait, pour quelque motif que ce soit, à quitter l'école, le directeur aurait à en aviser, sans délai, le commandant du bureau de recrutement de son département. (*D. M.* 20 *octobre* 1869, *J. M. p.* 111) (1).

171. — En cas de mobilisation, les effectifs des corps de troupe et des divers services qui entrent dans la composition de chaque corps d'armée, sont complétés avec les militaires de la disponibilité et de la réserve domiciliés dans la région et, en cas d'insuffisance, avec les militaires de la disponibilité et de la réserve domiciliés dans les régions voisines. — *V.* 437.

172. — Les jeunes gens qui se trouvent dans les positions men-

(1) V. en outre notre ouvrage intitulé : « *Les Écoles militaires en France,* » chapitre V, p. 20.

tionnées dans les art. 12, 17 et 26, sont portés sur des états spéciaux; en cas de mobilisation, ils sont versés dans les différents corps de la région selon les besoins de l'armée.

DEVANCEMENT D'APPEL (1).

173. — Dès que la liste du contingent d'un canton a été arrêtée et signée par le conseil de révision, les jeunes soldats peuvent être reçus à devancer l'appel à l'activité pour le corps dans lequel ils voudraient servir.

Après la répartition du contingent entre les divers corps de l'armée (166), ces devancements ne peuvent être effectués que pour les corps auxquels sont affectés les jeunes soldats.

174. — Ils se présentent devant le commandant de recrutement de leur département qui les fait visiter par un médecin militaire, leur délivre, s'il y a lieu, un certificat d'aptitude, et les envoie au général de brigade subdivisionnaire qui autorise ou refuse le devancement d'appel. Les demandes de devancement d'appel pour les compagnies d'ouvriers d'artillerie et pour les compagnies d'ouvriers constructeurs des équipages sont soumises à l'autorisation ministérielle. — 202, § 3.

175. — Les devancements d'appel ne peuvent être autorisés pour l'un des corps en garnison dans le département où les jeunes soldats ont concouru au tirage au sort. Les corps stationnés dans le département de la Seine sont refusés aux jeunes soldats faisant partie du contingent de Seine-et-Oise, et réciproquement.

176. — La décision du général est inscrite sur le certificat qui est renvoyé au commandant de recrutement.

Si la demande est accordée, le jeune soldat se rend chez le sous-intendant militaire qui lui délivre une feuille de route pour rejoindre son corps. Le commandant de recrutement en est informé par ce fonctionnaire et envoie au corps le contrôle signalétique du jeune soldat. — 208.

177. — Les hommes qui ont été admis à devancer ainsi l'appel renoncent par ce fait, dans le cas où ils seraient appelés à faire partie de la deuxième portion par suite de l'élévation de leurs numéros de tirage, au bénéfice que leur accorde la loi d'être envoyés en disponibilité à l'expiration du temps de service prescrit par les art. 40 et 41 de la loi. — 30.

Ceux qui, après avoir été classés dans la deuxième portion, désirent rejoindre immédiatement les drapeaux, en font la demande écrite et s'engagent à servir pendant tout le temps que la première portion de leur classe restera sous les drapeaux. (*V.* 2-73, *partie supp. p.* 381.)

---

(1) C. M. 13 juin 1873, J. M. 665.

RÉUNION AU CHEF-LIEU ET REVUE DE DÉPART (1).

178. — Quant aux autres jeunes soldats de la portion appelée à l'activité, ils sont pris par le sous-intendant, dans la proportion qu'a indiquée le Ministre, et comme il a été dit à l'art. 166.

179. — A la réception de l'ordre ministériel, les généraux commandants territoriaux donnent leurs instructions aux commandants de recrutement qui dressent les ordres d'appel portant invitation de se rendre au chef-lieu du département, et les font notifier aux jeunes soldats par l'intermédiaire de la gendarmerie qui veille à ce que ces derniers s'y conforment en temps utile.

Pour les jeunes soldats qui n'auraient pas exécuté l'ordre d'appel le sous-intendant établit des ordres de route qui sont remis au commandant de recrutement chargé de les faire notifier aux intéressés par la gendarmerie de leur résidence. (*Pour les délais de distance, v.* 2-73, 530.)

Les commandants de recrutement doivent toujours être pourvus d'un nombre suffisant d'ordres d'appel, qu'ils préparent d'avance et disposent par classe, de manière qu'au reçu de la dépêche ministérielle, n'ayant plus qu'une date à remplir et une signature à donner, ils puissent les notifier directement, sans perte de temps, aux hommes appelés.

180. — Les jeunes soldats qui, à raison de leurs numéros de tirage, sont destinés à être maintenus plus d'une année sous les drapeaux, se rendent, à la réception de leur ordre de départ, au bureau de recrutement de la subdivision de leur résidence.

181. — Au jour fixé par le général de brigade, celui-ci ou l'officier supérieur commandant le département, passe sur le terrain la revue des jeunes soldats appelés sous les drapeaux ; il est assisté du sous-intendant militaire, du commandant de recrutement, du commandant de la gendarmerie et d'un ou de plusieurs officiers de santé pour statuer, en connaissance de cause, sur la position de ceux qui seraient ou se diraient infirmes. Les hommes sur l'aptitude desquels il ne s'élève aucun doute sont seuls dirigés sur les corps. Quant à ceux qui, après avoir été examinés, ne seraient pas évidemment propres au service, ils seraient envoyés devant la commission spéciale de réforme. — 385.

182. — Tous les individus inscrits sur la première partie de la liste du recrutement comme absents et qui au moment de leur appel à l'activité, ne justifient pas devant l'autorité militaire de causes légitimes qui les aient empêchés de se présenter au conseil de révision, sont toujours dirigés sur un corps, à moins qu'ils ne soient reconnus absolument impropres à toute espèce de service. (*N° 60 de l'inst. du 28 avril 1873*).

183. — Le général accorde des sursis de départ aux malades ou

(1) C. M. 17 septembre 1869, J. M. p. 69. — Loi 24 juillet 1873, J. M. p. 39.

il les envoie à l'hôpital ; il accorde, en outre, des sursis *non renouvelables* à ceux qui justifient de la nécessité d'en obtenir.

184. — Les jeunes soldats qui se seraient mutilés volontairement sont déférés aux tribunaux; en attendant ils sont envoyés à l'hôpital du lieu, y sont placés dans la salle des consignés, ou mis s'ils ne sont ni malades, ni infirmes, en subsistance dans le corps le plus à proximité. — 169.

185. — Aucun changement de destination ne peut être autorisé que par permutation consentie par deux jeunes gens du même contingent et réunissant les mêmes conditions d'aptitude.

186. — Aussitôt après la revue, les détachements sont formés selon les ordres du général commandant la division et placés sous les ordres de cadres de conduite.

Pour ce service, les officiers sont désignés dans l'ordre suivant :

1° Parmi les officiers en semestre ou en congé qui retourneraient à leur corps lorsque les jeunes soldats doivent rejoindre ce même corps ;

2° Parmi les officiers faisant partie des corps de toutes armes stationnés dans la division militaire ;

3° Parmi les officiers en non-activité ou en réforme, domiciliés dans le département.

Les sous-officiers, les caporaux et soldats sont choisis dans les corps de troupe stationnés dans la division, et de préférence parmi ceux qui seraient en congé et devraient rentrer incessamment à leur corps.

187. — Les jeunes soldats reçoivent, sous la surveillance des cadres de conduite, les effets d'habillement nécessaires pour leur mise en route, et ils sont dirigés, par détachements, sur les divers corps de l'armée auxquels ils sont affectés.

188. — Les jeunes soldats qui, par leurs numéros de tirage, ne sont appelés qu'à demeurer un an au corps, se rendent également au bureau de recrutement de leur subdivision. Ils accomplissent, dans le corps de la région dans lequel ils ont été immatriculés, la période d'instruction à laquelle ils sont assujettis. — 196.

VOYAGE.

189. — Avant le départ, les mesures convenables pour assurer aux jeunes soldats le logement, les vivres et autres allocations pendant leur route sont prises par les sous-intendants militaires. Le sous-intendant de chaque département donne avis au commandant de recrutement des destinations assignées aux jeunes soldats et des dates fixées pour leur départ et pour leur arrivée au corps.

190. — Le commandant de recrutement dresse les contrôles signalétiques, qui sont adressés aux corps pour les jeunes soldats marchant isolément, remis aux commandants des détachements pour ceux qui marchent réunis. Ces documents renferment toutes les indications nécessaires pour l'immatriculation des jeunes soldats dans les corps. (*V.* 2-69, *p.* 72).

191. — Il est établi, en outre, pour chaque détachement, un contrôle nominatif en double expédition, dont l'une est remise au conducteur pour y inscrire les mutations qui peuvent survenir en route, et l'autre envoyée au conseil d'administration du dépôt du corps sur lequel le détachement est dirigé. (*Art.* 498 *de l'ord. du* 25 *déc.* 1837.) — 197.

192. — Les recrues formant détachement sont transportées ordinairement par les chemins de fer. Il est délivré au chef de détachement, au point de départ, une ou plusieurs réquisitions collectives pour les distances à franchir sur les voies ferrées, des mandats de vivres et des mandats de voitures à collier pour la partie qui doit s'effectuer par étapes sur les routes ordinaires.

Le conducteur d'un détachement de recrues ne peut franchir les gîtes déterminés par l'itinéraire porté sur sa feuille de route. Il doit veiller à ce que les jeunes soldats observent, pour leur nourriture, les prescriptions du régime intérieur des corps, et, enfin, éviter de mettre sa troupe en route de trop bonne heure, comme aussi de la faire marcher trop vite, lorsqu'elle voyage à pied par étapes.

193. — Les mutations qui surviennent parmi les jeunes soldats pendant la route sont annotées sur les contrôles signalétiques; les sous-intendants chargés du service du recrutement prennent les mesures nécessaires pour en obtenir la connaissance exacte.

Le préfet est également informé de toutes les mutations qui surviennent parmi les jeunes soldats, jusqu'à leur incorporation définitive.

194. — Les corps sont informés du départ des détachements et de la date présumée de leur arrivée.

195. — Aussitôt après la mise en route, les généraux commandant les corps d'armée font parvenir au Ministre (*bureau du recrutement*) le compte numérique présentant la répartition, entre les différents corps, des jeunes soldats. (*V. mod. au J. M. partie suppl.* 1-74, 67.)

ARRIVÉE AU CORPS (1).

196. — A son arrivée, le chef d'un détachement de jeunes soldats le conduit à la caserne; il se présente ensuite chez le colonel qui, s'il ne l'a déjà fait, donne des ordres pour la réception et la répartition des jeunes soldats dans les compagnies, batteries ou escadrons.

Les jeunes soldats de la 2e portion du contingent dirigés sur les régiments d'infanterie sont répartis entre les compagnies du dépôt et celles du 3e bataillon seulement, à moins que l'assiette du casernement exige que l'on procède autrement.

197. — Le major, au moyen des contrôles signalétiques apportés par le chef de détachement, constate l'identité des individus, les

(1) Art. 377 et suiv. *inf.* 451, *cav.* des ord. du 2 nov. 1833. — C. M. 15 mai 1874.

fait immatriculer, et transcrit sur le contrôle nominatif envoyé directement au corps les mutations survenues pendant la route; il vise ensuite les deux contrôles, le précédent et celui du conducteur, et les remet à celui-ci qui les signe également et qui se rend alors chez le trésorier du corps pour régler les comptes de son détachement. — 191.

Il est délivré au conducteur un certificat constatant qu'il a rendu ses comptes.

Des engagements volontaires (1).

198. — En temps de paix, les engagements sont de deux sortes: les engagements volontaires pour cinq ans et les engagements volontaires conditionnels d'un an.

En cas de guerre, la loi admet, indépendamment des deux précédents, l'engagement volontaire pour la durée de la guerre.

199. — La durée de l'engagement pour cinq ans ou pour la durée de la guerre compte du jour où il a été souscrit. Celle de l'engagement conditionnel d'un an compte du jour de l'incorporation. Dans tous les cas, la date de l'acte est le point de départ du service militaire que chaque citoyen français doit à l'Etat. — 3.

DES ENGAGEMENTS POUR CINQ ANS.

200. — Tout Français est reçu à contracter un engagement volontaire aux conditions suivantes; l'engagé doit :

1° S'il entre dans l'armée de mer, avoir seize ans accomplis, sans condition de taille; mais sous la réserve qu'à l'âge de 18 ans il ne pourra être maintenu dans la marine s'il n'a pas la taille de 1 m. 54 c.;

2° S'il entre dans l'armée de terre, avoir dix-huit ans accomplis et vingt-quatre ans au plus, et la taille de 1 m. 54 au moins;

3° Savoir lire et écrire;

4° Jouir de ses droits civils;

5° N'être ni marié, ni veuf avec enfants, ni lié au service des armées de terre ou de mer;

6° Être porteur d'un certificat de bonnes vie et mœurs délivré par le maire de la commune de son dernier domicile; et s'il ne compte pas au moins une année de séjour dans cette commune, il doit également produire un autre certificat du maire des communes où il a été domicilié dans le cours de cette année. Le certificat doit contenir le signalement du jeune homme qui doit s'engager, mentionner la durée du temps pendant lequel il a été domicilié dans la commune et attester qu'il jouit de ses droits civils; qu'il n'a jamais été condamné à une peine correctionnelle pour vol, escroquerie, abus de confiance ou attentat aux mœurs.

---

(1) Titre IV de la loi du 27 juillet 1872, J. M. p. 148. — D. 30 nov. 1872, J. M. p. 730. — I. M. 30 nov. 1872, J. M. p. 737.

L'extrait des casiers judiciaires délivré par le greffier du tribunal civil de l'arrondissement où le jeune homme est né et au moyen duquel cette dernière attestation a été donnée, est joint au certificat du maire. — Si le jeune homme a moins de vingt ans, il doit justifier du consentement de ses père, mère ou tuteur. Ce dernier doit être autorisé par une délibération du conseil de famille;

7° Être sain, robuste et bien constitué;

8° Remplir les conditions de taille et d'aptitude exigées pour le corps où il demande à entrer. (*V.* 2-72, 756; — 1-73, 776, *art.* 21.)

201. — L'engagé désigne le corps dans lequel il veut servir.

202. — Exceptions : — 1° Il ne peut faire choix d'un corps en garnison dans le département où il réside que s'il est accepté par le chef de ce corps;

2° La même obligation est imposée aux jeunes gens qui, résidant dans le département de la Seine, désirent s'engager dans un corps en garnison dans le département de Seine-et-Oise, et réciproquement.

3° Les engagements pour les compagnies d'ouvriers d'artillerie et celles des équipages doivent toujours être soumis à l'approbation ministérielle (1-73, 665). — *V. en outre* § 8° *de l'art.* 200. — 173.

203. — Le jeune homme qui demande à s'engager se présente devant le chef du corps dans lequel il désire prendre du service, ou devant le commandant du bureau de recrutement le plus à sa proximité (1).

Cet officier s'assure qu'il a la taille et les autres qualités requises pour le corps auquel il se destine, et fait constater en sa présence, par un médecin militaire, ou à défaut, par un docteur en médecine ou en chirurgie désigné par le sous-intendant militaire, que cet homme n'a aucune infirmité ni maladie apparente ou cachée, et qu'il est d'une constitution saine et robuste. Quant à l'aptitude professionnelle exigée pour certaines armes (2-72, 756), le chef de corps ou le commandant de recrutement s'assure que l'engagé la possède, en se faisant présenter un certificat qui en justifie.

204. — Le commandant de recrutement ou le chef de corps délivre ensuite un certificat d'acceptation (*mod.* 2-72, 766). Cette pièce est signée par l'officier et par le médecin et remise au jeune homme. Elle engage vis-à-vis du trésor la responsabilité pécuniaire de l'officier qui l'a délivrée si l'engagé est reconnu atteint de maladie, chétif, etc., et cette responsabilité n'est nullement couverte par l'avis qu'a émis le médecin.

205. — Muni du certificat d'acceptation, de son acte de naissance, du certificat de bonnes vie et mœurs appuyé de l'extrait du casier judiciaire, et s'il y a lieu, du consentement de son père, de

---

(1) Par exception, à Bastia, l'officier commandant la gendarmerie, et en Algérie les sous-intendants militaires, ont qualité pour établir des certificats d'acceptation.

sa mère ou de son tuteur, le contractant se présente avec deux témoins devant le maire d'un chef-lieu de canton (1).

Ce fonctionnaire lui fait faire par écrit en sa présence et devant les deux témoins, la déclaration qu'il n'est ni marié, ni veuf avec enfants; ni lié au service de terre ou de mer. Si l'engagé avait été déclaré impropre au service militaire ou déclassé de la marine, il devrait en justifier par des pièces officielles; savoir : un certificat du préfet ou un acte de déclassement du commissaire maritime.

Si l'homme qui veut s'engager a déjà servi, il doit produire :

1° S'il a servi comme appelé, — un congé de réforme;

2° S'il a servi comme engagé, — un congé de réforme ou un extrait, établi par le maire, de la décision judiciaire ou administrative portant annulation de l'acte d'engagement;

3° S'il a servi comme inscrit maritime, — un acte de déclassement signé par le commissaire de l'inscription maritime de son quartier.

206. — Les jeunes gens qui ont pris part au tirage au sort de leur classe ne sont reçus à s'engager que jusqu'à la veille du jour où le conseil de révision opère dans le canton auquel ils appartiennent. Passé cette date, ils doivent demander l'autorisation de devancer la mise en activité (173). Ceux que leurs numéros de tirage rendent susceptibles d'être compris dans le contingent de l'armée de mer ne peuvent s'engager que pour la marine.

Il résulte de cette disposition que les jeunes gens des classes ne peuvent s'engager entre le tirage et la révision, sans que le commandant de recrutement du département où ils ont concouru au tirage ait été consulté. — 213.

207. — Les engagements sont contractés dans les formes prescrites par les art. 34 à 40, 42 et 44 du Code civil. Les conditions relatives à la durée sont insérées dans l'acte même; les autres sont lues aux contractants avant la signature, et mention en est faite à la fin de l'acte; le tout sous peine de nullité. (*V. l'art.* 11 *du décret du* 30 *nov.* 1872.)

Les certificats et les autres pièces produites par l'engagé restent annexés à la minute de l'acte pour que l'on puisse y recourir le cas échéant.

208. — Immédiatement après la signature de l'acte d'engagement, le jeune homme reçoit du maire une expédition de cet acte, et du sous-intendant un ordre de route pour se rendre à son corps. Si le lieu où l'acte a été passé n'est pas une résidence de sous-intendant, l'engagé reçoit un sauf-conduit portant injonction de se présenter devant le sous-intendant chargé du recrutement dans le département. Le maire adresse, dans tous les cas, une autre expédition de l'acte d'engagement à ce fonctionnaire. Celui-ci inscrit le jeune homme sur un contrôle *ad hoc* (*mod.* 2-72, 769 *et* 1-73,91),

(1) Les communes d'Algérie dont les maires peuvent recevoir les actes d'engagement sont désignées au J. M. 2-72, p. 731.

se fait représenter les pièces dont il est porteur, garde le sauf-conduit ou le vise pour continuation de route, rend au jeune homme l'expédition de son acte d'engagement, le dirige immédiatement sur son corps en lui mandatant l'indemnité de route à partir du lieu de l'engagement (1), et transmet au conseil d'administration du corps l'expédition de l'acte que lui a envoyée le maire, en y joignant un bulletin de renseignements (*mod.* n° 10, 2-72, 773). — 262.

Le corps est ainsi prévenu de la mise en route.

209. — L'engagé se rend directement à son corps : il est tenu de s'y présenter dans les délais fixés par sa feuille de route.

210. — Le chef de corps renvoie le bulletin (208) aussitôt après l'incorporation de l'engagé ou un mois après l'époque fixée pour son arrivée, s'il ne s'est pas présenté.

211. — Exception : Le bulletin des engagés d'un an n'est renvoyé qu'après la visite du médecin qui décide de l'aptitude, et, s'il y a lieu, qu'après la décision de la commission départementale de réforme. (2-73 *partie supplémentaire, p.* 164.) — 249, 385.

212. — Les sous-intendants doivent s'abstenir de délivrer des feuilles de route pour des jeunes gens qui se seraient engagés devant des maires autres que ceux indiqués à l'art. 205; ils signalent, dans ce cas, au préfet, l'irrégularité commise, et lui envoient l'acte défectueux.

213. — Les sous-intendants signalent au préfet du département dans lequel les jeunes gens ont concouru au tirage, ceux qui se sont engagés entre le tirage au sort et les opérations de la révision.

214. — L'engagé volontaire ne peut être envoyé en congé sans son consentement; mais il peut être changé de corps et d'arme lorsque l'intérêt ou les besoins du service l'exigent. Visité et examiné à son arrivée au corps, il reçoit immédiatement du général commandant le corps d'armée ou la division une autre affectation si son aptitude physique et professionnelle n'est pas reconnue; il est présenté pour être réformé s'il est jugé impropre à tout service. Dans ces deux cas, le général rend compte au Ministre (bureau du recrutement). — 204.

215. — L'engagé volontaire (ou sa famille) qui voudrait contester la légalité ou la régularité de l'acte qui le lie au service, doit adresser sa réclamation au préfet du département où l'acte a été contracté. Si l'engagé se trouve sous les drapeaux, sa réclamation est remise au conseil d'administration de son corps, lequel la fait parvenir directement au préfet. Celui-ci la transmet au Ministre de la guerre (bureau du recrutement) qui statue, s'il y a lieu, ou renvoie la contestation devant les tribunaux.

Une décision du 19 juillet 1819 (2-19,56) *non insérée dans la*

---

(1) Exception : — Les engagés d'un an ne sont mandatés et payés qu'après leur arrivée au corps. (2-73, *partie supplémentaire, p.* 164.)

nouvelle édition du Journal militaire), portait qu'aucune demande en nullité ne pouvait avoir d'effet suspensif, et que le jeune homme devait d'abord obéir à l'ordre de route qu'il avait reçu. Le numéro 37 de l'instruction du 30 novembre 1872 ne reproduit pas cette disposition ; il dit, au contraire, que lorsque les demandes en annulation sont appuyées sur des contraventions évidentes de la loi, ou l'absence des formes qu'elle prescrit, ce serait occasionner à l'État des dépenses en pure perte que de porter l'affaire devant les tribunaux et de garder, en attendant le jugement, les engagés sous les drapeaux; qu'il convient donc de saisir sans retard le Ministre de la contestation. L'instruction ne fait pas la même recommandation s'il s'agit d'une question d'état civil. Faut-il en conclure que dans ce cas l'on doit appliquer la décision de 1819? Nous penchons pour l'affirmative.

DISPOSITIONS SPÉCIALES

Aux militaires dans la disponibilité ou susceptibles d'y être prochainement envoyés.

216. — Les militaires en disponibilité et ceux qui doivent y être envoyés après avoir accompli le temps de service indiqué aux articles 32 et 33 ainsi que les engagés conditionnels d'un an présents au corps et ceux renvoyés après l'expiration de leur engagement, sont admis, sur leur demande, à compléter cinq années de service sous les drapeaux.

A cet effet, ils contractent devant un fonctionnaire de l'intendance (le sous-intendant chargé de la police administrative du corps, pour ceux qui sont présents sous les drapeaux, le sous-intendant chargé de la surveillance du service du recrutement pour ceux de la disponibilité), un engagement spécial dans les mêmes formes que l'engagement ordinaire (*mod.* 2-72,763). — 207.

Ils peuvent choisir le corps dans lequel ils désirent compléter cinq années de service, mais seulement dans l'arme où ils ont déjà servi.

217. — Sont seuls admis, cependant, à contracter cet engagement spécial :

1° Les militaires sous les drapeaux qui comptent au moins trois mois de présence dans l'armée active ;

2° Ceux qui sont en disponibilité dans leurs foyers et qui ont encore au moins une année de service actif à faire.

218. — Les pièces à produire sont :

1° Par les militaires présents sous les drapeaux, une attestation de leur chef de corps portant qu'ils réunissent les conditions requises pour faire un bon service ;

2° Par les disponibles : un certificat semblable au précédent, mais délivré par le commandant de recrutement ou par le chef du corps où ils désirent entrer ; — leur titre d'envoi dans la disponibilité.

Tout militaire qui demande à entrer dans un nouveau corps

doit, en outre, être porteur d'un certificat attestant que le chef de ce corps consent à le recevoir.

219. — Après la signature de l'acte d'engagement, le sous-intendant en donne avis : au corps où l'homme sert, à celui où il a demandé à passer, et, si l'engagé appartenait à la disponibilité, au commandant de recrutement du département dans lequel il est inscrit.

220. — Les militaires de la disponibilité sont immédiatement dirigés sur le corps qu'ils ont choisi. Ceux qui se trouvaient déjà sous les drapeaux sont également dirigés sans délai sur le corps de leur choix, à moins d'empêchement résultant de l'intérêt du service ou de la discipline, et à moins, pour les engagés conditionnels d'un an, qu'ils ne préfèrent achever leur période d'instruction comme volontaires d'un an ; auquel cas ils seraient mis en route sur leur nouveau corps aussitôt après avoir subi l'examen de fin d'année.

Au régiment de sapeurs-pompiers de Paris (1).

221. — Les conditions particulières imposées aux jeunes gens qui désirent s'engager dans le régiment de sapeurs-pompiers de Paris, sont, indépendamment de celles exigées de tout engagé, les suivantes :

1° Ne pas appartenir aux contingents ou enrôlements du département de la Seine ;

2° N'avoir subi aucune condamnation ;

3° Etre apte au service particulier des sapeurs-pompiers ;

4° Etre de taille moyenne et, autant que possible, d'une profession se rattachant au bâtiment.

Aux tirailleurs algériens et aux spahis (2).

§ 1. TIRAILLEURS.

222. — Les engagements des indigènes pour les tirailleurs sont contractés par-devant les fonctionnaires de l'intendance, et pour une durée de quatre ans.

223. — L'âge est constaté suivant les formes usitées en Algérie. La conduite et la moralité sont appréciées par le chef de corps, sur le rapport du chef du bureau arabe de la circonscription. Le général de brigade doit autoriser l'engagement.

224. — Les engagements des Français ne sont reçus qu'après l'autorisation des généraux commandant les divisions de l'Algérie, et suivant les règles ordinaires. — 200.

§ 2. SPAHIS (3).

225. — Les engagements des indigènes pour les spahis sont subordonnés aux conditions suivantes :

---

(1) Inst. 7 juin 1873, J. M. p. 776.

(2) D. 21 avril 1866, art. 3, 4 et 5, J. M. p. 126. — Note 2e de la page 737 du J. M. 2-72.

(3) D. 6 janvier 1874, J. M. p. 4. — C. M. 14 février 1874, J. M. p. 135.

Être âgé de dix-huit ans au moins et de quarante ans au plus; être proposé par le chef de corps et accepté par le général commandant la division. De plus :

1° Réunir les qualités nécessaires pour faire un bon service ;

2° N'avoir pas de mauvais antécédents;

3° S'engager à servir pendant *quatre ans;*

4° Présenter un bon cheval qui soit la propriété de l'engagé.

Le spahi marié est accepté comme le célibataire.

226. — L'engagement est reçu par le sous-intendant militaire en présence d'un interprète et de deux témoins pris parmi les spahis indigènes (officiers ou soldats). Le spahi prête serment sur le Coran.

227. — L'engagement des Français est contracté comme il a été expliqué ci-dessus, art. 200 et suiv. et sur la production du consentement du chef de corps.

A cet effet, si le certificat d'acceptation doit être délivré par un commandant de recrutement, cet officier ne le rédige que sur le vu de ce consentement et le maire ne reçoit l'engagement qu'en faisant mention de cette pièce et en l'annexant à l'acte qu'il rédige.

Au régiment étranger (1).

228. — L'étranger n'est admis qu'après avoir contracté un engagement volontaire devant un sous-intendant militaire. Il en est de même des Français qui désirent servir au titre étranger.

229. — Pour être reçu à s'engager on doit être âgé de dix-huit ans au moins et de trente au plus, et avoir la taille de 1^{m} 54 au moins.

En outre, l'engagé doit être porteur :

1° De son acte de naissance ou de toute autre pièce équivalente;

2° D'un certificat de bonnes vie et mœurs;

3° D'un certificat d'acceptation. — 204.

En l'absence des deux premières pièces, l'étranger est renvoyé devant le général commandant, qui décide si l'engagement peut être reçu.

230 — Les Français dont le Ministre a autorisé l'admission au titre français dans le régiment étranger, contractent leur engagement devant l'autorité civile comme il est dit à l'art. 207.

231. — Les engagements des étrangers et ceux des Français au titre étranger ne sont reçus que pour une durée de cinq années.

Aux corps ou établissements ne se recrutant pas par la voie des appels.

232. — Les engagements pour ces corps ou établissements ont lieu de la manière suivante, savoir :

233. — POUR L'ÉCOLE DE CAVALERIE (2). Être âgé de dix-huit ans au moins, vingt-quatre au plus et satisfaire à l'examen devant une commission spéciale chargée de classer les engagés par rang

---

(1) L. 9 mars 1831; O. 10 mars 1831, J. M. t. I, p. 339. — I. 18 mars 1831, *idem*, p. 341. — D. 14 septembre 1864, J. M. t. X. — I. 7 novembre 1856, J. M. t. VII.

(2) R. 30 août 1873, J. M. p. 195.

d'aptitude, du 21 au 22 mars et du 21 au 22 septembre de chaque année.

L'engagement est contracté devant le maire de Saumur, après l'examen ci-dessus relaté, avant l'ouverture des cours et sur la présentation d'un certificat de classement et d'acceptation délivré par le commandant de l'École. Le nombre de ces engagements est limité à quarante par année.

Le candidat doit avoir la taille de 1m, 64 c. (1m, 60 pour ceux qui justifient de conditions particulières d'aptitude pour l'exercice du cheval), et être porteur: 1° de son acte de naissance; 2° d'un certificat d'aptitude physique au service de la cavalerie, délivré par le commandant de recrutement ou l'officier de gendarmerie le plus voisin de sa résidence; 3° d'un certificat de bonnes vie et mœurs et de l'extrait du casier judiciaire (200 § 6°); 4° du consentement de ses père, mère ou tuteur s'il a moins de vingt ans;

Il doit: Savoir parler et écrire correctement la langue française; connaître les quatre premières règles de l'arithmétique, les fractions et le système métrique, les éléments de la géométrie plane; posséder des notions générales de géographie et d'histoire de France, plus spécialement pendant la période moderne depuis Louis XIV jusqu'à nos jours, et verser entre les mains du receveur particulier de Saumur pour le compte du Trésor une somme de 300 fr.

234. — POUR LA GENDARMERIE (1). — On ne contracte pas d'engagement (dans l'acception militaire de ce mot) pour la gendarmerie. — Les emplois de gendarmes sont donnés, après une demande écrite en présence du commandant du corps ou de la compagnie, à d'anciens militaires ou à des militaires en activité âgés de vingt-cinq ans au moins et de quarante ans au plus.

Cependant les anciens gendarmes peuvent être réadmis jusqu'à l'âge de quarante-cinq ans. Mais nul ne peut être accepté s'il est trop âgé pour pouvoir compléter, à soixante ans, le temps de service exigé pour la retraite.

Le candidat produit, indépendamment de la demande ci-dessus:

Son acte de naissance;
Son congé ou certificat de libération;
Un certificat de bonnes vie et mœurs, s'il a quitté le service depuis six mois et plus;
Un relevé des punitions subies dans son ancien corps. Cette pièce est réclamée par le commandant de la compagnie à l'ancien corps. (*Art.* 26 *du rèq.* 9 *avril* 1858, *J. M. t. VIII.*)
Un certificat de métrage délivré par le commandant du corps ou de la compagnie, et constatant que le postulant a la taille minimum de 1m 70 (pour l'arme à cheval), 1m 68 (pour l'arme à pied);
Un certificat de visite rédigé par l'officier de santé en chef de l'hôpital du chef-lieu.

Les gendarmes sont commissionnés; ils quittent la gendarmerie

(1) D. p. 9 mars 1872, J. M. p. 149.

après démission, réforme ou retraite. (*Art. 17 et suiv. du décret du 1er mars 1854, J. M. t. VI, p. 46.*)

235. — POUR LES COMPAGNIES DE DISCIPLINE ET LES BATAILLONS D'AFRIQUE. — Les caporaux et les sous-officiers libérés du service actif depuis moins d'un an sont admis à s'engager pour ces corps avec leur ancien grade ou le grade inférieur, si les candidats de l'armée font défaut. Ces anciens militaires se présentent au chef du corps où ils désirent entrer, et celui-ci propose leur admission au général de brigade.

Ils doivent fournir des certificats de bonne conduite jusqu'au jour de leur admission. (*Chap. III et IV de l'ord. du 16 mars 1838, J. M. t. III. p. 402 et suiv.*)

236. — POUR LA JUSTICE MILITAIRE. — Les personnels de la justice militaire sont ceux des parquets, des greffes des conseils de guerre et de révision, des établissements pénitentiaires et des prisons.

Les candidats aux emplois ne contractent pas d'engagements ; ils sont admis (les hommes de troupe) sur leur demande, au concours et dans la proportion des vacances.

Les conditions à remplir sont énumérées tout au long dans le règlement ministériel du 16 septembre 1854 (*J. M., t. VI, p.* 435).

Aux gagistes et aux musiciens (1).

237. — Les engagements des gagistes ne lient pas ceux-ci *légalement* au service ; ils résultent d'un contrat intervenu entre les conseils d'administration des corps de troupe et des ouvriers ou des musiciens. Les actes sont soumis au visa des fonctionnaires de l'intendance.

Les musiciens classés, liés au service, et qui deviennent libérables, peuvent être autorisés, sur leur demande, à rester dans les musiques comme commissionnés, en conservant la classe dont ils sont en possession et sans qu'ils puissent être admis à en changer ultérieurement.

Les soldats musiciens également libérables peuvent aussi être autorisés à servir en qualité de musiciens commissionnés, mais sans attributions de classes. (*D. p. 7 mai 1874, J. M. partie supp., p.* 529.)

Aux boursiers de l'École d'Alfort (2).

238. — Les boursiers militaires de l'École vétérinaire d'Alfort sont tenus, lorsqu'ils ont accompli leur vingtième année d'âge, de contracter un engagement volontaire de cinq ans pour un corps de cavalerie. — 200.

Ils sont ensuite maintenus à l'École en position de congé jusqu'à la fin de leurs études.

---

(1) V. D. M. 25 février 1837, J. M. t. III, p. 11 ; — 25 novembre 1837, *idem*, p. 310. La garde républicaine, seule, peut avoir des musiciens gagistes.
(2) Art. 7 du décret du 18 février 1874, J. M. p. 128.

Des engagements conditionnels d'un an (1).

CONDITIONS A REMPLIR.

239. — Tout Français qui veut contracter un engagement conditionnel d'un an pour servir *dans l'armée de terre*, doit :

1° Réunir les conditions indiquées par les paragraphes numérotés 2°, 3°, 4°, 6° et 7° de l'art. 200 ;

2° N'avoir pas concouru au tirage au sort (2) ;

3° N'être pas lié au service des armées de terre ou de mer ;

4° Avoir, selon le corps où il servira, la taille fixée dans le tableau inséré au J. M. 2-72, 807 et réunir les conditions d'aptitude énoncées dans ledit tableau et dans l'instruction du 1er décembre 1872, n° 56 ;

5° Se trouver dans l'un des cas mentionnés ci-après :

I. Avoir obtenu des diplômes de bachelier ès-lettres ou ès-sciences, de fin d'études ou des brevets de capacité institués par les articles 4 et 6 de la loi du 21 juin 1865 (*titres spéciaux à l'enseignement professionnel.*)	Ce qui doit être constaté par un certificat délivré par le recteur de l'Académie.
II. Faire partie des écoles centrales des arts et manufactures ou des écoles nationales des beaux-arts.	Ce qui doit être attesté par un certificat délivré par le directeur de ces établissements.
III. — Faire partie ou être sorti pourvu du certificat réglementaire des écoles nationales des arts et métiers, ou de l'école d'horlogerie de Cluses.	Ce qui doit être constaté par un certificat délivré par le directeur de l'école.
IV. Faire partie ou être sorti avec des récompenses du conservatoire de musique ou de l'une de ses succursales.	Ce qui doit être constaté par un certificat du directeur de l'établissement.
V. Etre élève des écoles nationales vétérinaires, d'agriculture ou de l'école des mineurs de Saint-Etienne et présent dans l'une de ces écoles.	Ce qui doit être constaté par un certificat du directeur de ces écoles.
VI. Etre élève externe et suivre régulièrement les cours de l'école des mines, de l'école des ponts-et-chaussées ou de l'école du génie maritime.	Ce qui doit être constaté par un certificat du directeur de ces écoles.

VII. Avoir satisfait à un examen sur l'agriculture, le commerce ou l'industrie, selon sa profession ou sa spécialité. (*V. le décret du* 31 *octobre* 1872 *et le programme y faisant suite, J. M. p.* 440.) — 243.

FORMALITÉS (3).

240. — Pour être admis à l'examen les jeunes gens adressent au préfet, du 1er juillet au 31 août ainsi qu'il a été dit à l'article

(1) Art. 53 et suiv. de la loi du 27 juillet 1872, J. M. p. 150. — D. 1er décembre 1872, J. M. p. 778 et l'inst. y faisant suite ; — 30 janvier 1873, J. M. p. 76 ; — 31 octobre 1872, J. M. p. 440. — C. M. 3 novembre 1872, J. M. p. 449 ; 26 juin 1873, J. M. p. 743.

(2) L'omis ne peut contracter cet engagement après l'époque à laquelle il aurait dû tirer au sort.

(3) 1-74, partie supp. p. 20.

précédent, c'est-à-dire dix jours au moins avant l'ouverture de l'examen :

1° Une demande écrite et signée par eux-mêmes, sur papier timbré et indiquant leurs noms et prénoms, le lieu de leur domicile légal et celui de leur résidence, le titre qui leur donne droit à l'engagement et l'arme dans laquelle ils désirent être admis (*infanterie, cavalerie, artillerie, génie et équipages militaires*) ; et, en outre, pour les jeunes gens de la catégorie numérotée VII (239), seulement, par la mention *agriculture, commerce ou industrie* dans quelle série ils désirent être classés pour leur examen;

2° Leur acte de naissance ;

3° Un certificat d'aptitude au service militaire, dit *d'acceptation*, délivré par le commandant du bureau de recrutement du département où ils veulent s'engager (1) ;

4° Le consentement de leurs père, mère ou tuteur (200).

Ces trois dernières pièces sont affranchies du timbre. — 116.

Le certificat de bonnes vie et mœurs (200) n'est établi et présenté qu'au moment où a lieu l'engagement.

241. — Les préfets font connaître au Ministre le nombre des demandes qu'ils ont reçues, et transmettent celles-ci au président de la commission d'examen dont il sera parlé ci-après. Ils font publier les noms des jeunes gens appelés à subir les examens et les jour, lieu et heure de ceux-ci. — 244.

242. — Par exception à l'art. 240, les jeunes gens qui habitent les colonies et qui ne se trouvent point dans l'un des cas énumérés de I à VI, § 5° de l'art. 239, peuvent passer leur examen au chef-lieu de la colonie ; mais l'engagement est contracté en France. (*C. M.* 16 *janvier* 1873, *J. M. p.* 34.)

243. — Le Ministre de la guerre fixe chaque année le nombre des engagements conditionnels d'un an spécifiés dans le § VII de l'art. 239. Ce nombre est réparti par régions de corps d'armée et proportionnellement au nombre des jeunes gens inscrits sur les tableaux de recensement de l'année précédente. — 251.

244. — Le Ministre nomme les examinateurs; des suppléants sont désignés par les préfets, et des sous-officiers pris dans un corps à proximité sont mis à la disposition des examinateurs pour surveiller les jeunes gens. Toute fraude entraîne l'exclusion immédiate du candidat qui s'en est rendu coupable.

245. — Les jeunes gens subissent deux épreuves : la première est une dictée française ; la seconde un examen oral portant :

1° Sur les matières composant l'enseignement que le candidat a dû recevoir à l'école primaire ;

2° Sur les notions élémentaires et pratiques relatives à l'exercice même de sa profession.

---

(1) Ce certificat peut n'être produit que le jour où le jeune homme sera appelé à subir l'examen professionnel (1-73, 743.)

En Algérie le certificat est délivré par le sous-intendant chargé du service de recrutement.

Après l'achèvement des examens oraux, les examinateurs des trois séries (240) se réunissent sous la présidence du général commandant le département ou d'un officier supérieur délégué par lui, auquel est adjoint un membre du conseil général, et constituent ainsi une commission qui arrête la liste générale de classement des candidats.

246. — La commission adresse au préfet les noms des jeunes gens admis à contracter l'engagement tant en raison de leur classement que du chiffre des engagements fixé par le Ministre de la guerre ainsi qu'il a été dit ci-dessus, art. 243.

247. — Le préfet publie la liste de ces jeunes gens, délivre à chacun d'eux un certificat d'admission (*mod. n*° 5, 2-72, 817) ; il rend à tous, admis et non admis, les diverses pièces qui accompagnaient leurs demandes.

Prestation en argent.

248. — La loi veut que l'engagé volontaire d'un an s'habille, se monte s'il y a lieu, s'équipe et s'entretienne à ses frais. Elle a cependant conféré au Ministre de la guerre le pouvoir d'exempter de tout ou partie de cette dépense les jeunes gens ayant donné dans leurs examens des preuves de capacité, et qui justifient, dans les formes ci-après indiquées, être dans l'impossibilité de subvenir à ces frais.—249.

249. — Ces dispositions reçoivent leur exécution de la manière suivante :

La dépense est convertie en une prestation dont le chiffre est fixé chaque année par le Ministre (1), et qui doit être versée à la caisse des dépôts et consignations avant l'engagement. Ce versement a lieu sur le vu d'un bulletin que les jeunes gens reçoivent à cet effet du préfet en même temps que le certificat d'admission.

Les sommes versées demeurent acquises à l'Etat dès que l'incorporation des engagés est devenue définitive ; c'est-à-dire après la visite à laquelle l'homme est soumis à son arrivée au corps. — (*V. en outre les art.* 35 *et suivants de l'inst.* 1er *déc.* 1872.)

Les préfets prennent l'avis des conseils municipaux sur les demandes que peuvent former les jeunes gens pour être exemptés du versement de la prestation en tout ou en partie. Ils soumettent ces demandes à la commission permanente du conseil général.

Les jeunes gens qui ont satisfait aux examens professionnels et qui, de plus, ont obtenu la mention *très-bien*, sont seuls susceptibles d'obtenir l'exemption du versement total ou partiel ; il en résulte que si des jeunes gens placés dans l'un des cas numérotés de I à VI du § 5 de l'art. 239 désirent obtenir cette exonération ils doivent se présenter aux examens.

Les demandes d'exonération sont adressées au préfet immédia-

---

(1) 1,500 fr., en 1873.

tement après la délivrance du certificat d'admission à l'engagement (247). Elles doivent être accompagnées :

1° D'un certificat (*mod. n° 9, 2-72, 826*) constatant la position de la famille ;

2° D'un relevé du rôle des contributions à la charge de la famille de l'engagé ou à la sienne.

Les exemptions de versement peuvent être réparties sur deux, trois ou quatre candidats ; mais il n'est pas accordé plus d'une exemption totale pour cent engagés.

Après que la commission permanente du conseil général a donné son avis, le préfet prononce au nom du Ministre de la guerre et fait connaître aux intéressés sa décision et la somme qu'ils auront à verser.

Passation de l'acte d'engagement.

250. — Les engagements conditionnels sont contractés au chef-lieu de département devant l'officier de l'état civil.

251. — La décision du Ministre qui fait connaître le nombre des jeunes gens à admettre après examen détermine, pour chaque département, les corps dans lesquels ils seront reçus et le nombre d'hommes à diriger sur chaque corps. Quant aux engagements sans examen (catégories de I à VI, § 5 de l'art. 239) ils ne sont pas limités. (*V. en outre C. M.* 19 *janvier* 1873, *J. M. p.* 45.)

252. — Avant de contracter l'engagement, les jeunes gens se présentent devant le commandant du dépôt de recrutement, aux jours et heures fixés par cet officier, pour être soumis à une nouvelle visite et désigner le corps dans lequel ils demandent à servir (251). Ils sont porteurs du certificat d'acceptation qui leur a été délivré à la première visite. — 240.

S'ils ne sont pas reconnus propres au service, ils sont ajournés et ne peuvent être incorporés que lorsqu'ils remplissent toutes les conditions voulues. Si cet ajournement a eu lieu dans l'année qui précède le tirage au sort de leur classe et que postérieurement le conseil de révision les déclare aptes au service, ils sont susceptibles d'être admis aux mêmes avantages que les engagés conditionnels d'un an. — 266.

253. — Le Ministre fixe chaque année l'époque à laquelle les engagements doivent être reçus et la date de la mise en route. — (*V.* 1-73, 743 *et* 2-73, *partie supp.*, *p.* 161).

254. — Les jeunes gens remettent à l'officier public, chargé de recevoir l'acte d'engagement, le certificat d'acceptation complété, les pièces indiquées à l'art. 205, et :

1° Soit l'un des certificats énumérés à l'art. 239, § 5°, soit le certificat d'admission à l'engagement, mod. n° 5 (247) ;

2° La déclaration de versement établie par le préposé de la caisse des dépôts et consignations (1);

3° La déclaration, écrite par eux-mêmes, qu'ils ne sont pas liés au service (205).

---

(1) Le récépissé, resté chez le préfet au moment du visa de contrôle et inscrit sur un registre *ad hoc* à la préfecture, est envoyé par ce fonctionnaire au Ministre de la guerre (*bureau des fonds et ordonnances*) dans les quarante jours qui suivent l'époque de la mise en route. (*V. les mesures particulières au département de la Seine, n°* 30 *de l'inst. du* 1er *déc.* 1872.)

Puis l'acte est rédigé comme il a été dit à l'art. 207.

Du sursis.

255. — Les jeunes gens mentionnés aux alinéas numérotés de I à VI, § 5° de l'art. 239, qui n'auraient pas, dans l'année qui précède l'appel de leur classe, terminé les études de la faculté ou des écoles auxquelles ils appartiennent, mais qui voudraient les achever dans un laps de temps déterminé, peuvent, tout en contractant l'engagement d'un an, obtenir de l'autorité militaire un sursis avant de se rendre au corps pour lequel ils se sont engagés. Le sursis peut être accordé jusqu'à l'âge de vingt-quatre ans accomplis; mais le jeune homme qui en est titulaire devient disponible en cas de guerre. — 258.

256. — Les demandes de sursis doivent être adressées au général commandant la subdivision immédiatement après l'engagement.

Elles sont accompagnées de l'un des certificats indiqués à l'art. 239, § de I à VI. Le certificat indique la durée du sursis nécessaire.

257. — Le général de brigade délivre un titre (*mod.* n° 12, 2-72, 829) et en informe le commandant de recrutement.

258. — Les engagés qui ont obtenu des sursis sont inscrits sur une liste (*mod.* n° 8, 2-72, 823) dressée par le commandant de recrutement. Ils sont tenus de prouver chaque année, avant le mois de novembre, (2-73, *partie supp. p.* 163), au général qui a accordé le sursis, par un certificat du doyen de la faculté ou du directeur de l'école à laquelle ils appartiennent, qu'ils sont toujours en cours d'études. Faute d'avoir produit ce certificat, ou s'ils n'obtiennent pas le renouvellement du titre primitif, ils sont mis en route avec les engagés conditionnels de l'année.

On les dirige, après qu'ils ont été visités devant le commandant de recrutement, sur le corps pour lequel ils avaient contracté leur engagement, si ce corps reçoit des engagés conditionnels de l'année. Dans le cas contraire, ils sont affectés d'office, par voie de changement de destination, aux corps de la même arme désignés pour le département. Néanmoins ceux qui demanderaient à être affectés à un corps d'une autre arme, auquel fournirait le département, pourraient recevoir cette destination, pourvu qu'ils réunissent les conditions d'aptitude voulues.

Ces jeunes engagés sont répartis par portions égales dans les corps affectés au département; mais ils sont comptés en sus des nombres déterminés par le Ministre. — 251.

Incorporation.

259. — Les engagés d'un an sont mis en route tous ensemble à la date fixée par le Ministre. — *V.* 199.

260. — Les engagés atteints, au moment de la mise en route, d'une maladie dûment constatée et qui, dans un délai d'un mois ne leur a pas permis d'être dirigés sur leur corps, sont ajournés à l'année suivante par l'autorité militaire qui leur délivre un sursis.

261. — Ceux qui ne se rendent pas à leur corps dans les délais prescrits sont poursuivis pour insoumission et, en cas de condamnation, déchus des avantages réservés aux volontaires d'un an.

262. — Copie de l'acte d'engagement est envoyée au commandant de recrutement au lieu de l'être au sous-intendant, et cet officier, à l'exclusion du fonctionnaire de l'intendance, tient le contrôle des engagés conditionnels d'un an et envoie au corps la copie de l'acte avec le bulletin nº 10. — *V.* 208, 211.

263. — L'engagé est visité de nouveau à son arrivée (211); s'il est reconnu apte au service, il est incorporé dans la portion active du corps auquel il est destiné et soumis à toutes les obligations de service imposées aux hommes présents sous les armes. Cependant il est astreint à un régime particulier que nous indiquerons plus loin (art. 275).

264. — Il est envoyé en disponibilité dans ses foyers dès qu'il a accompli son temps de service. — 331, 341.

265. — Les commandants de recrutement, et les fonctionnaires qui les remplacent en Algérie, rendent compte au Ministre, quarante jours après la mise en route, des opérations relatives aux engagés conditionnels (*mod.* nº 14, 2-72, 831). Les préfets doivent aussi au Ministre un rapport sur ces opérations. (2-73, *partie supp. p.* 165.)

Jeunes soldats assimilés aux volontaires d'un an.

266. — Les jeunes gens qui se trouvent compris dans le contingent annuel après avoir été reconnus impropres au service dans l'année qui a précédé le tirage au sort de leur classe et dans le cas indiqué à l'art. 252, peuvent jouir des avantages accordés aux volontaires d'un an. A cet effet, ils adressent leur demande au général commandant le département où ils ont tiré au sort, en justifiant de leur position sous le rapport du recrutement, et produisent le certificat de bonnes vie et mœurs indiqué à l'art. 200, § 6º.

267. — Le général leur délivre un certificat (*mod. nº* 11 *de l'inst. du* 1er *déc.* 1872) qui leur confère la qualité de jeunes soldats assimilés aux volontaires d'un an, à la condition qu'ils satisferont aux obligations imposées à ces volontaires. — 239, § VII, 248.

268. — Ces jeunes gens n'en sont pas moins jeunes soldats. Ils sont mis en route avec leur classe si la date de ce mouvement est antérieure à l'appel des volontaires de l'année. — *V.* 272.

Ils peuvent, s'ils produisent le certificat voulu; notamment l'attestation du commandant du recrutement, portant qu'ils n'ont pas obtenu d'exemption de versement, obtenir le sursis faisant l'objet des art. 255 et suivants.

269. — Une fois incorporés, les jeunes soldats de cette catégorie, placés dans les conditions du § VII, nº 5 de l'art. 239, font parvenir au préfet du département dans lequel ils tiennent garnison, par la voie du conseil d'administration de leur corps, une demande d'admission à l'examen. Cette demande, adressée dans la forme

et aux époques prescrites pour les volontaires d'un an, est accompagnée du certificat délivré par le général. — 267.

Les jeunes soldats qui ont satisfait à l'examen reçoivent du préfet le certificat d'admission (247) et le bulletin (*mod. n*° 6) indiquant la somme à verser.

S'ils désirent obtenir l'exemption du versement, ils s'adressent au préfet par l'intermédiaire du conseil d'administration de leur corps, et le préfet agit ensuite comme il a été dit aux art. 248 et suivants.

270. — Quant aux jeunes soldats qui n'avaient pas d'examen à subir (position de I à VI, § 5°, art. 239), ils demandent au préfet, par l'intermédiaire du conseil d'administration de leur corps, le bulletin indicatif de versement. Ce conseil atteste, sur la demande, qu'ils sont porteurs du certificat n° 11. — 267.

Le versement est fait et constaté ainsi qu'il a été expliqué à l'art. 249. La déclaration, le certificat n° 5 (247) ou l'un des titres mentionnés à l'art. 239 et le certificat n° 11 (267), sont remis par les jeunes gens au conseil d'administration du corps.

271. — Le conseil annote alors l'homme comme assimilé aux engagés conditionnels d'un an et en donne avis par un bulletin (*mod. n*° 13, *J. M.* 2-72, 830) au commandant du bureau de recrutement du département où le versement a été fait. L'assimilé est inscrit par cet officier sur le contrôle mod. 9 (262) des engagés conditionnels du département avec la mention : « *assimilé aux engagés conditionnels* (*art.* 12 *du décret*) ». Il est compris sur l'état des hommes incorporés adressé au préfet.

272. — Il peut arriver que l'appel des jeunes soldats de la classe, au lieu de précéder la mise en route des engagés, y soit postérieur, et que les jeunes soldats qui peuvent réclamer le bénéfice du volontariat d'un an se trouvent dans leurs foyers au moment où ont lieu les opérations ci-dessus relatées.

Dans ce cas, après s'être procurés le certificat n° 11 (267), les jeunes soldats adressent directement leurs demandes au préfet et les autres pièces au commandant de recrutement; celui-ci les annote comme assimilés tant sur le registre matricule que sur le contrôle. — 137, 262.

Les dispositions du présent article sont applicables, alors même que la mise en route de la classe a précédé l'appel des volontaires de l'année, aux jeunes gens placés dans les conditions énoncées aux §§ I à VI de l'art. 239 et susceptibles d'être assimilés aux engagés d'un an qui n'ont pas terminé leurs études. Ils reçoivent, sur leur demande, un sursis de départ pour attendre dans leurs foyers l'époque fixée pour les versements des engagés conditionnels de l'année. Ce sursis est échangé, après le versement, contre celui qui fait l'objet de l'art. 255.

273. — Les jeunes soldats assimilés aux engagés conditionnels d'un an, bien qu'ils comptent leur service du 1er juillet de l'année où ils tirent au sort, sont tenus de rester sous les drapeaux le

temps qu'y passent les engagés conditionnels de l'année ; ils sont envoyés en même temps qu'eux dans la disponibilité ; ils remplissent les mêmes devoirs, supportent les mêmes charges et jouissent des mêmes avantages.

274. — L'engagé conditionnel réformé avant son incorporation et qui, ultérieurement, a été reconnu propre au service par le conseil de révision, est, sur sa demande, assimilé aux engagés d'un an, à charge de faire de nouveau le versement de la prestation. — 389.

Régime particulier imposé aux engagés conditionnels (1).

275. — Les engagés volontaires d'un an forment, dans chaque corps, une classe spéciale d'instruction dirigée par un ou plusieurs officiers.

Ils ne font partie d'aucun détachement.

Leurs travaux militaires sont activés de façon à les mettre promptement en état d'instruire les recrues.

Ils sont astreints à des examens trimestriels et de fin d'année passés d'après les programmes ministériels annexés au règlement du 25 octobre 1873.

276. — Le lieutenant-colonel surveille l'instruction d'une manière toute particulière. Il fait tenir par l'officier chargé des volontaires, un registre spécial à feuillets individuels mobiles (*mod. A*, 2-73, 347). — *V.* 1-73, 266.

277. — Les volontaires bien notés sous tous les rapports, qui satisfont aux examens de fin d'année, reçoivent un certificat d'instruction militaire (*mod. B*, 2-73, 349). — *V.* 1-73, 266.

Ce certificat mentionne le grade en possession duquel est le titulaire, conformément aux lois en vigueur, aucun grade ne devant être donné à titre honoraire. — 283.

278. — Ceux qui ne satisfont pas à ces examens sont signalés au Ministre qui décide s'il y a lieu de les conserver au service pendant une seconde année ou pendant quelques mois seulement. (*V. C. M. 26 février* 1874, *J. M. p.* 176.) Si, après cette deuxième année, ils ne satisfont pas à ces examens, ils sont, par décision du Ministre, et quel que soit leur âge (255), déclarés déchus des avantages réservés aux volontaires d'un an, et restent soumis aux mêmes obligations que celles imposées aux hommes de la première portion de la classe à laquelle ils appartiennent par leur engagement. Il en est de même pour les volontaires qui, pendant la première ou la seconde année, ont commis des fautes graves et répétées contre la discipline.

279. — Dans tous les cas, le temps passé dans le volontariat compte en déduction de la durée du service prescrit par la loi. — 3,199.

---

(1) Règ. prov. 25 octobre 1873, J. M. p. 343. — Nos 83 et suiv. de l'inst. ministérielle 1er décembre 1872, J. M. p. 800. — 263. — C. M. 26 février 1874, J. M. p. 176.

280. — En temps de guerre, les engagés d'un an sont maintenus au service. En cas de mobilisation ils marchent avec la première portion de la classe à laquelle ils appartiennent par leur engagement.

DISPOSITIONS SPÉCIALES AUX ÉTUDIANTS EN MÉDECINE HUMAINE OU VÉTÉRINAIRE ET EN PHARMACIE.

281. — Les volontaires étudiants en médecine ou en pharmacie admis à servir dans leur spécialité sont incorporés dans les sections d'infirmiers et employés dans les hôpitaux militaires, sous la direction des médecins et pharmaciens de ces établissements. Leur instruction militaire est moins étendue.

Ceux qui se sont convenablement acquittés de leurs fonctions et dont la conduite a été satisfaisante reçoivent, en fin d'année, un certificat analogue à celui indiqué ci-dessus (277). Les autres sont maintenus au service et envoyés, s'il y a lieu, dans un régiment d'infanterie.

282. — Les volontaires admis à servir comme vétérinaires remplissent les fonctions de leur profession sous la direction des vétérinaires du corps. Ils apprennent, en même temps, à monter à cheval et sont exercés au maniement des armes. Leurs examens portent sur la connaissance de l'art vétérinaire et l'équitation.

DISPOSITIONS COMMUNES (1).

283. — Après que les engagés volontaires d'un an ont satisfait à tous les examens exigés, ils peuvent obtenir des brevets de sous-officier ou des commissions au moins équivalentes. Ils sont renvoyés en disponibilité dans leurs foyers et inscrits sur les contrôles du département où ils ont leur domicile légal (2). Ils demeurent soumis, quant aux déclarations de changement de domicile, aux obligations imposées par la loi à tout homme inscrit sur la matricule de recrutement. — 143,331.

284. — A la fin de l'année d'instruction, les chefs de corps adressent, par la voie hiérarchique, au Ministre de la guerre, un rapport détaillé sur la situation des volontaires et la mise en pratique des règlements qui les concernent.

285. — Les engagés conditionnels d'un an qui ont satisfait aux examens peuvent, en restant une année de plus, soit dans l'armée active, soit dans une école désignée par le Ministre de la guerre, (*v.* 289), et, après avoir subi les examens déterminés, obtenir un brevet de sous-lieutenant auxiliaire ou une commission équivalente et être placés, avec leur grade, selon les besoins de l'armée, dans la disponibilité ou la réserve de l'armée active, et, après le temps voulu par la loi, dans l'armée territoriale. Ils sont imma-

(1) Art. 15 du décret 1er décembre 1872, J. M. p. 781. — Loi 24 juillet 1873, J. M. p. 43.

(2) V. art. 102 à 109 du Code civil, J. M. 2-72, 648, note 1, et 1-74, 109.

triculés comme officiers dans les corps ou services du corps d'armée auxquels ils sont attachés; mention en est faite sur leur brevet ou commission.

Dans les corps de l'artillerie et des trains les engagés qui désirent rester un an de plus, subissent un examen spécial pour justifier qu'ils sont en état de suivre avec fruit les cours de la deuxième année (1-74, *partie supp. p.* 54).

286. — L'engagement de rester une année de plus est contracté devant un fonctionnaire de l'intendance et sur la production du certificat modèle B (277). L'acte d'engagement dont il s'agit est conforme au modèle annexé au décret du 28 novembre 1873 (*J. M. p.* 489).

287. — Le travail et les études auxquels sont soumis les engagés conditionnels de seconde année, font l'objet de programmes insérés au J. M. 1-74, 141.

A l'expiration de cette seconde année, les engagés subissent de nouveaux examens. (*C. M.* 9 *décembre* 1873, *J. M. p.* 499.)

288. — Les engagés conditionnels d'un an qui ont satisfait aux examens et qui veulent compléter cinq années de service dans l'armée active y sont autorisés, s'il y a lieu. Ils contractent alors un engagement de quatre années. Ceux qui ont obtenu un brevet de sous-officier conservent alors, au titre de l'armée active, leur grade et concourent pour l'avancement dans le corps dont ils font partie.

289. — Ils sont admis, s'ils en expriment le désir, à suivre les cours qui sont faits aux volontaires rengagés pour une seconde année. Ils sont, à cet effet, dirigés sur le camp d'Avor, s'ils appartiennent à l'infanterie, et sur l'école de Saumur, s'ils appartiennent à la cavalerie. Quant à ceux qui font partie de l'artillerie ou du génie, ils continuent leur service au corps et y remplissent les fonctions du grade dont ils sont pourvus. (*D. M.* 29 *mars* 1874, *J. M. p.* 411).

290. — Dans tous les cas, le brevet de sous-lieutenant auxiliaire délivré aux engagés qui ont satisfait aux examens exigés, ne leur est délivré que le jour de leur libération. (*D. M.* 29 *mars* 1874, *J. M. p.* 411.)

DES ENGAGEMENTS POUR LA DURÉE DE LA GUERRE (1).

291. — En cas de guerre, tout Français est admis à contracter dans l'armée active, un engagement pour la durée de la guerre, s'il réunit les conditions suivantes :

1° Être libre de toute obligation de service dans l'armée active et dans la réserve de ladite armée; ce dont il doit justifier par la production de son titre d'envoi dans l'armée territoriale, ou d'un

---

(1) Art. 47 de la loi de 27 juillet 1872; — 17 du décret du 30 nov. 1872; — N°s 40 et suiv. de l'inst. du 30 nov. 1872.

certificat de libération définitive du service, d'un certificat d'exemption ou d'un congé de réforme ;

2° Etre sain, robuste et en état de faire un bon service ;

3° Avoir les qualités requises pour le corps où il veut servir ; ce qui doit être constaté par la production d'un certificat d'acceptation délivré comme il a été dit à l'art. 204 ;

4° N'être pas dans l'un des cas d'exclusion du service militaire (9); ce qui est constaté par la production d'un extrait du casier judiciaire, relaté à l'art. 200, § 6° ;

5° S'il a moins de vingt ans, justifier du consentement de ses père, mère ou tuteur.

Les conditions de savoir lire et écrire, de jouir de ses droits civils, de n'être ni marié, ni veuf avec enfant, ne lui sont point imposées, et il n'est pas tenu de produire le certificat de bonnes vie et mœurs, mentionné à l'art. 200, § 6°.

292. — Aussitôt après la paix, ces engagés sont libérés en vertu d'un décret du président de la République.

Des rengagements (1)

DANS LES CORPS.

293. — Les rengagements sont contractés devant les sous-intendants militaires chargés de la police administrative des corps, pour une durée de deux ans au moins et de cinq ans au plus, quatre ans au plus s'il s'agit de spahis indigènes.

294. — Le rengagé choisit le corps où il désire continuer à servir. — 306.

295. — Tout militaire sous les drapeaux ou en disponibilité qui veut se rengager doit réunir les conditions suivantes :

1° Etre dans le cours de sa dernière année de service actif ; (2).

2° Réunir les qualités requises pour faire un bon service dans le corps où il désire servir ;

3° Justifier d'une bonne conduite pendant son séjour sous les drapeaux ;

4° Avoir obtenu le consentement du chef du corps dans lequel il demande à continuer son service.

296. — En outre, les conditions d'âge sont réglées de façon à ce que le caporal et le soldat ne soient pas maintenus dans le service actif au delà de vingt-neuf ans, et le sous-officier au delà de trente-cinq ans accomplis (3).

297. — Pour être reçu à se rengager, le militaire adresse sa demande par la voie hiérarchique à son chef de corps. Les sous-offi-

---

(1) Art. 51 de la loi du 27 juillet 1872 ; — 20 du décret du 30 novembre 1872 ; — N° 47 et suiv. de l'inst. du 30 nov. 1872. — 237.

(2) Un militaire dont le temps de service expire pendant sa captivité a le droit de contracter à sa rentrée sur le sol français, et dans les formes ordinaires, un rengagement qui prend date du jour où il est reçu. Le temps de captivité étant compté pour la retraite, il s'ensuit qu'il n'y a, dans ce cas, aucune interruption de service. (S. *M.* 17 *mai* 1871, *J. M. p.* 71.)

(3) V. ci-dessus l'art. 237, pour les musiciens.

ciers détachés comme élèves dans les services administratifs s'adressent au sous-intendant chargé de leur surveillance ; ceux employés au recrutement s'adressent au commandant du dépôt de recrutement ; les militaires employés dans les écoles, à leurs chefs de service. (*N. M.* 3 *mai* 1861, *J. M. t. IX, p.* 255).

Si la demande est accueillie, le chef de corps (le fonctionnaire de l'intendance ou le commandant de recrutement ou de l'établissement militaire,) délivre un certificat d'aptitude signé de lui et d'un médecin militaire.

Lorsque le militaire demande à se rengager pour un autre corps, le chef de ce corps délivre l'attestation constatant qu'il peut y être admis : la bonne conduite et l'aptitude sont certifiées par le chef du corps auquel il appartient.

298. — Le chef de corps qui croirait devoir refuser le certificat d'aptitude à un militaire de son régiment doit en référer, par la voie hiérarchique, au général de division en joignant, à son rapport motivé, les avis du commandant de la compagnie, du chef de bataillon, l'état des services et le relevé des punitions du militaire. Le général de division prononce ; toutefois, s'il s'agissait d'un militaire décoré de la Légion d'honneur ou de la Médaille militaire, les pièces seraient transmises au Ministre qui prononcerait. (*D. I.* 19 *mars* 1853, *J. M. t. V, p.* 562.)

Tout militaire dont le rengagement est refusé pour cause de santé, doit être proposé pour la réforme dès le jour où son inaptitude au service a été constatée. (*I.* 7 *juin* 1873, *art.* 19, *J. M. p.* 773.)

299. — Les sous-officiers et les caporaux ne peuvent être autorisés à se rengager avec leur grade pour un autre corps, qu'autant qu'ils produisent un certificat du chef de ce corps, constatant qu'il peut disposer en leur faveur d'un emploi vacant.

300. — Un sous-officier ou un caporal ne peut être admis à se rengager pour un corps qui sert hors de France qu'après avoir fait la remise de ses galons. (*I.* 7 *juin* 1873, *J. M. p.* 773, art. 19.)

301. — Les militaires admis à souscrire des rengagements au titre d'un corps autre que celui où ils servent actuellement doivent être, à moins d'empêchement résultant du service ou de la discipline, dirigés immédiatement sur ce nouveau corps.

302. — La durée du rengagement du militaire de l'armée active présent au drapeau ou en disponibilité dans ses foyers, court du jour où cesse le service d'activité auquel il est tenu.

DANS LA DISPONIBILITÉ.

303. — Les dispositions indiquées ci-dessus sont observées sauf les exceptions ci-après :

Le commandant du bureau de recrutement du département où réside le rengagé délivre le certificat constatant que le militaire se trouve dans la dernière année de son service d'activité et qu'il est apte au service.

Si la durée de son séjour dans l'armée active a permis de lui délivrer un certificat de bonne conduite, il justifie de l'obtention de cette pièce. Dans le cas contraire, il prouve, par un état de services ou son titre de renvoi ou de maintien dans la disponibilité qu'il n'est pas resté un an sous les drapeaux.

Enfin il présente, s'il est dans ses foyers depuis plus de trois mois, un certificat de bonne conduite délivré par le maire de sa commune (*mod. n°* 8, 2-72, 768).

304. — Le rengagement est contracté devant le sous-intendant militaire chargé du recrutement dans le département où réside le rengagé, et celui-ci est mis en route aussitôt.

DANS LA RÉSERVE.

305. — Les dispositions indiquées ci-dessus, art. 293 et suiv., sont observées sauf les exceptions suivantes :

Le militaire qui fait partie de la réserve de l'armée active peut se rengager s'il se trouve dans les conditions d'âge indiquées à l'art. 296.

Il justifie :

1° De son état dans la réserve en produisant le titre en vertu duquel il s'y trouve;

2° Qu'il réunit les qualités requises pour faire un bon service dans le corps qu'il a choisi, ce qui a lieu au moyen d'un certificat d'aptitude délivré par le commandant du bureau de recrutement de son département ou par le chef du corps où il veut servir, et revêtu de l'attestation d'un officier de santé militaire;

3° Qu'il a toujours tenu une bonne conduite pendant son séjour sous les drapeaux; — 303.

4° S'il est absent de son corps depuis plus de trois mois, qu'il a toujours tenu une bonne conduite depuis son départ du corps (*mod. n°* 8, 2-72, 768, *certificat du maire*);

5° Que le chef du corps dans lequel il veut entrer consent à le recevoir.

306. — A l'égard du militaire qui a été sous-officier, et en raison de la condition d'âge, il importe que le chef de corps spécifie sur son consentement s'il veut le recevoir comme sous-officier ou comme soldat.

307. — Le temps de service que le rengagé doit accomplir dans la réserve de l'armée active se confond avec la durée du rengagement.

308. — Les rengagements des militaires de la réserve sont signés devant le sous-intendant militaire chargé du service du recrutement dans le département où ils résident.

309. — Le militaire de la réserve qui a contracté un rengagement, doit être mis en route immédiatement.

310. — Les corps sont avertis du rengagement d'un militaire dans la réserve par l'envoi, que fait le sous-intendant, d'une expédition de l'acte au nouveau corps, d'un avis à l'ancien. (*N°* 126 *de l'inst. du* 4 *mai* 1832.) — *V. en outre ci-après l'art.* 357.

Immatriculation dans les corps de troupe (1).

DES MATRICULES.

311. — Il existe, dans les corps de troupe, des registres appelés *matricules*, destinés à recevoir l'inscription détaillée des renseignements concernant les militaires de tous grades, les chefs armuriers exceptés (2), des maîtres ouvriers, des enfants de troupe et des musiciens.

On distingue deux matricules pour les militaires ; savoir : celle des officiers et celle des hommes de troupe.

Il existe aussi une matricule pour les chevaux et une autre pour les voitures. — 327.

Dans les corps indigènes, il est tenu un registre matricule spécial pour les indigènes. (*Tableaux des ordonnances du* 7 *décembre* 1841, *J. M. t. IV, p.* 63 *et* 69.)

312. — Les matricules des militaires contiennent des renseignements sur leur état civil, leur signalement, le titre sous lequel ils sont incorporés, la relation successive de leurs services, les causes qui peuvent les maintenir sous les drapeaux au delà du temps exigé par la loi ; le motif et la date de leur radiation des contrôles, avec indication de l'autorité qui l'a prescrite s'il s'agit d'un changement de corps, d'une réforme, etc.; le lieu sur lequel sont dirigés ceux qui rentrent dans leurs foyers ; enfin elles indiquent s'il leur a été refusé ou accordé un certificat de bonne conduite.

Les marques extérieures et les cicatrices qui surviennent aux hommes postérieurement à leur incorporation sont consignées sur les registres matricules ; la taille et le signalement (quant au physique) ne sont inscrits qu'après constatation de leur exactitude, et, quand il y a lieu, on opère toutes les rectifications que nécessite l'accroissement des tailles. (*D. M.* 21 *déc.* 1827, *J. M. p.* 577.)

313. — L'immatriculation des officiers et des hommes de troupe s'effectue à la réception et sur le vu des titres, notifications ou actes authentiques constatant qu'ils appartiennent au corps. Néanmoins, tous les officiers, sous-officiers, caporaux, soldats, ouvriers militaires ou gagistes et enfants de troupe compris comme présents ou absents dans le procès-verbal de formation d'un corps, sont immatriculés par ordre de grades. Le même ordre d'inscription est suivi pour ceux qui, après cette formation, sont incorporés sous une même date. — *V.* 319, *ci-après.*

---

(1) O. 10 mai 1844, art. 121 et suiv.; — I. 25 septembre 1833, J. M. p. 157 ; — I. 19 mars 1830, J. M. t. I, p. 309; du 12 mars 1824, J. M. t. I, p. 168 ; — D. M. 18 octobre 1862, J. M. t. IX, p. 879 et 881. — V. au J. M. 1-74, 440, les différentes formules d'immatriculation, et p. 487 la N. M. du 8 mai 1874 relative à l'inscription des services des sous-lieutenants sortant de l'Ecole spéciale militaire.

(2) D. M. 9 décembre 1859, J. M. t. VIII, p. 833. — Pour les radiations, v. chap. III, ci-après.

314. — Les pièces au moyen desquelles s'effectuent les inscriptions à porter sur les matricules sont, suivant le cas :

Des états de services provenant d'autres corps et dûment légalisés par les sous-intendants militaires ;

Des contrôles signalétiques envoyés par les commandants de recrutement ;

Des actes d'engagement ou de rengagement envoyés par les sous-intendants militaires et, au besoin, de ceux apportés par les militaires. (2-72, 744, *nº* 29, *dernier alinéa.*)

315. — Lorsque des engagés déjà immatriculés sont compris dans une classe de recrutement, le commandant du bureau de recrutement en donne avis au corps par un signalement spécial (*mod. nº* 11, 2-72, 774), et leur immatriculation est modifiée en conséquence.

316. — Les ordres de route individuels des jeunes soldats restent dans les archives du corps, comme pièces à l'appui de ses registres matricules ; le conseil d'administration doit avoir soin de les faire comparer avec les contrôles signalétiques qui lui sont transmis par les commandants de recrutement ou apportés par les conducteurs de recrues. Lorsque cette comparaison fait remarquer des différences, le conseil les signale au sous-intendant, qui s'entend avec le commandant de recrutement pour voir d'où elles proviennent et éclairer ledit conseil.

Dans tous les cas, les contrôles signalétiques sont retournés au recrutement avec les annotations constatant l'incorporation.

317. — L'incorporation des hommes de troupe prend date, savoir :

1º Pour les jeunes soldats (appelés ou substituants) et pour les hommes rappelés de la réserve, à compter du jour où ils ont été mis en route pour se rendre au corps ;

2º Pour les engagés volontaires, à compter du jour de l'acte en vertu duquel ils sont liés au service ;

3º Et pour les hommes venant d'un autre corps, à compter du jour où ils ont cessé d'appartenir à ce corps.

318. — Les services antérieurs à l'incorporation doivent être justifiés, soit par le feuillet matricule du dernier corps dont le militaire faisait partie, soit par une attestation du conseil d'administration de ce corps ou une pièce émanée du ministère de la guerre.

319. — Avant d'être inscrits sur les registres, les services de tout officier nouvellement admis doivent être soumis à la vérification ministérielle. A cet effet, le conseil d'administration envoie au ministère (*bureau de l'arme*), un état conforme au nº 9 des modèles annexés à l'ordonnance du 10 mai 1844. Cet état est retourné rectifié et approuvé s'il y a lieu.

En ce qui concerne les sous-lieutenants sortant de l'École spéciale militaire, leurs services sont tout d'abord inscrits au crayon, d'après la déclaration de ces officiers. Ce n'est qu'après le retour de l'état sus-indiqué que la transcription à l'encre peut être faite sur le registre matricule.

Les états de service délivrés ultérieurement par le corps doivent indiquer si les services de l'officier qu'ils concernent ont été vérifiés au ministère, et, dans le cas de l'affirmative, les corps où cet officier peut être admis par la suite n'ont pas à provoquer de nouvelle vérification avant de les transcrire à l'encre (*art.* 22 *de l'instruction du* 15 *juin* 1872, *J. M. p.* 777).

Un officier nommé dans un régiment, et qui a reçu une autre destination avant de l'avoir rejoint, ne doit pas figurer sur les registres de ce corps, les registres d'un corps ne devant comprendre que les officiers qui ont servi dans ce corps. Il suffit, dans ce dernier cas, d'une annotation pour ordre dans la colonne d'observations.

320. — Les registres matricules d'un corps ne peuvent établir que les services rendus *dans ce même corps;* tout ce qu'ils contiennent d'étranger à ce corps ne peut être considéré que comme simple renseignement.

Les campagnes sont relatées dans les formes prescrites par le Ministre (1).

Les blessures, avant d'être inscrites, sont constatées par une attestation des chefs sous lesquels le militaire servait au moment où il les a reçues, ou bien par celle de trois témoins bien famés; les signatures apposées sur l'attestation sont légalisées par le conseil d'administration.

Les actions d'éclat ne sont relatées que sur le vu de la copie, transmise par le chef d'état-major général au conseil d'administration du corps, des pièces à l'appui de la citation à l'ordre du jour de l'armée et au bulletin des opérations. (*D. M.* 9 *nov.* 1845, *J. M. t. IV, p.* 648.)

Les médailles d'honneur et de *sauvetage*, obtenues à la suite d'un acte de courage ou de dévouement, sont mentionnées sur les matricules de la manière indiquée dans la D. M. du 17 janvier 1845, J. M. t. IV. p. 541.

Les promotions ou admissions dans l'ordre de la Légion d'honneur sont signalées en ces termes sur les matricules et les états de services :

« *Chevalier* (ou officier) *de la Légion d'honneur, le.....* »
« *Décoré de la Médaille militaire, le....* »

Pour les hommes de troupe ces mentions sont portées dans la case des services et positions diverses. (*D. M.* 16 *septembre* 1858, *J. M. t. VIII, p.* 590.)

La mutation des gradés et des hommes de 1re classe qui renoncent à leurs galons pour être envoyés ou maintenus en congé, est libellée ainsi : « *Remis soldat de* 2me *classe, sur sa demande, le..... pour* « *aller* ou *être maintenu en congé jusqu'à sa libération.* » (*D. M.* 30 *décembre* 1854, *J. M. t. VI, p.* 476.)

---

(1) V. J. M. t. VI, p. 469; — t. IX, p. 18; t. X, p. 1,044; — 2-67, 230; — 1-68, 12; 1-70, 94, 1-73, 609, etc.
Au sujet des maîtres et prévôts d'escrime, V. 2-73, 370.

Celle des militaires cassés ou rétrogradés en fait également connaitre le motif.

Les suspensions ne doivent pas figurer sur les matricules. (*N. M.* 6 *décembre* 1866, *J. M. p.* 317.) Il en est de même pour le refus d'informer, les ordonnances de non-lieu et les jugements d'acquittement. Cependant pour que le décompte du temps de service des *déserteurs* et des insoumis puisse être établi d'une manière certaine, ces mentions doivent, par exception, être faites sur les relevés des services des militaires. (*N. M.* 5 *avril* 1873, *J. M. p.* 374.)

Les noms et toutes les indications qui constituent l'état civil de chaque officier ne sont portés que d'après un extrait original et bien établi des registres de l'état civil.

Avant d'autoriser l'inscription d'aucun titre de noblesse, le Ministre de la guerre examine les droits de ceux qui la réclament, en se conformant d'ailleurs à la législation suivie par la commission du sceau.

La justification pour les naturalisations, mariages et décorations, a lieu par la production de certificats établis par les conseils d'administration sur le vu des lettres de naturalisation, actes de célébration et brevets. Indépendamment des dates, ces certificats font connaître, pour les mariages spécialement, le nom et les prénoms de l'épouse, la date de la permission et la désignation de l'autorité qui l'a délivrée ; lorsqu'il s'agit de décorations étrangères, ils se bornent à établir le fait et la date de l'autorisation de les accepter et de les porter. (*V. en outre la N. M.* 14 *avril* 1869, *J. M. p.* 184.)

321. — Il n'y a qu'une série de numéros pour le registre des officiers, une autre pour celui de la troupe ; chacune d'elles est continuée sans interruption jusqu'à ce que le Ministre en ordonne le renouvellement.

Le numéro sous lequel le militaire a été immatriculé lui est conservé jusqu'au moment où il cesse de faire partie du corps, quelles que soient les promotions dont il puisse être l'objet, à moins qu'il ne passe du grade de sous-officier à celui d'officier. Si, après avoir quitté le corps il vient à y rentrer, un nouveau numéro lui est donné et l'ancien est inscrit au-dessous à l'encre rouge.

322. — Les militaires condamnés correctionnellement doivent continuer à figurer sur les registres matricules de leurs corps respectifs, jusqu'au jour de leur incorporation dans les bataillons d'infanterie légère d'Afrique, dans les compagnies disciplinaires des colonies ou dans un autre corps. (*D. M.* 8 *avril* 1833, *J. M. t. II, p.* 195.)

323. — La lettre distinctive ou le n° des compagnies auxquelles les hommes peuvent successivement appartenir, est exactement indiqué au registre affecté à la troupe.

324. — Ce registre est divisé en volumes destinés, chacun, à l'inscription de mille hommes ; il forme autant de volumes que le

complet d'organisation du corps l'exige. Ces volumes sont conservés dans les corps jusqu'à l'époque où le Ministre prescrit de lui en faire l'envoi. Mais, dans le but de se débarrasser de documents considérables et devenus inutiles pour le service courant, les corps sont autorisés à renvoyer au ministère ceux qui ne contiennent pas plus de vingt hommes comptant encore à l'effectif; ces hommes sont reportés sur un nouveau volume de trois cents cases seulement. Ils conservent le numéro et l'ordre de leur ancienne immatriculation. Pour éviter toute espèce de lacune et l'intervertissement des numéros, le renvoi des registres sur lesquels il ne figure pas plus de vingt hommes à l'effectif entraîne celui des volumes qui les précèdent, alors même que ces derniers comprendraient un nombre d'hommes supérieur à celui qui vient d'être indiqué. (*C. M. 3 septembre* 1846, *J. M. p.* 199.)

Il est établi, à la fin de chaque volume, une table alphabétique sur laquelle on porte les noms, les prénoms et les numéros des militaires incorporés.

325. — Dès qu'un volume de la matricule des hommes de troupe est terminé, les corps en envoient le duplicata au ministère. (*C. M. imprimée, du* 1er *février* 1865, *bureau de l'infanterie.*) — 330.

326. — Les registres matricules des chevaux et mulets sont au nombre de deux: celui des chevaux d'officier fournis par l'Etat (*mod.* 13, *modifié, de l'ord. du* 10 *mai* 1844), et celui des chevaux de troupe et mulets (*mod. au J. M. t. IX, p.* 881).

Ils sont destinés à recevoir, dans l'ordre des dates de leur arrivée au corps ou, en cas de remontes faites directement par des portions détachées, d'après les états signalétiques qu'elles adressent au conseil d'administration, l'inscription des numéros et noms invariables qui leur sont alors donnés et celle de leur signalement. L'origine des animaux, la désignation de l'époque de leur réception et de la lettre distinctive ou du numéro des compagnies, escadrons ou batteries, auxquels ils peuvent successivement appartenir, la cause et la date de leur perte pour le corps, y sont également relatées.

Le nom des officiers détenteurs des chevaux est en outre porté sur le registre, ainsi que la date de la remise à ces officiers, et, le cas échéant, l'époque à laquelle les chevaux font retour à l'Etat.

327. — Les registres matricules des voitures ne sont ouverts que dans les corps dont l'organisation en comporte: les mutations et les numéros des voitures y sont indiqués ainsi que les établissements d'où elles proviennent.

328. — Tous ces registres sont tenus par le trésorier, sous la surveillance du conseil d'administration.

329. — Le trésorier extrait, de la matricule des hommes de troupe, ainsi que de celles des chevaux, des copies sur des feuillets mobiles qui, après avoir été certifiés par lui et vérifiés par le major, sont remis aux capitaines pour former les matricules de

leurs compagnies. Ces feuillets contiennent, au recto, tous les renseignements portés sur la matricule du corps et, au verso, la désignation de tous les effets d'habillement, d'équipement et d'armement dont l'homme qu'ils concernent respectivement est détenteur (*mod. au J. M. t. X, p.* 482, *modifié :* 2-68, 217 *et* 1-74, 440 *pour les hommes*). Les feuillets mobiles pour les chevaux et mulets contiennent, indépendamment de la description du harnachement, des renseignements sur l'état physique et sanitaire de l'animal, son classement successif aux inspections générales, et la relation de son séjour à l'infirmerie.

DES RECTIFICATIONS DE NOM (1).

330. — Les conseils d'administration ne peuvent opérer des changements ou des rectifications dans l'état civil des hommes immatriculés, sans en référer à l'autorité supérieure. Ces changements ne doivent être faits qu'après des justifications émanées des autorités civiles ou judiciaires, et sur une autorisation du général commandant la division. En conséquence, lorsque les intéressés ont administré la preuve qu'il y a eu erreur dans l'énoncé d'un ou de plusieurs articles de leur état signalétique, les pièces probantes doivent être adressées au général de division, qui statue. La rectification qui en est la suite est signalée au Ministre lorsqu'elle concerne un officier ; mais pour un homme de troupe elle n'est signalée que dans le cas où le duplicata du volume de la matricule sur lequel il est inscrit a été envoyé au ministère. — 325.

PASSAGE DANS LA DISPONIBILITÉ (2).

331. — L'appelé ou l'engagé qui, postérieurement soit à la décision du conseil de révision, soit au 1er juillet, soit à son incorporation devient l'aîné d'orphelins de père et de mère, le fils unique ou l'aîné des fils, ou, à défaut du fils ou du gendre, le petit-fils unique ou l'aîné des petits-fils d'une femme veuve, d'une femme dont le mari a été légalement déclaré absent, ou d'un père aveugle, est, sur sa demande, et pour le temps qu'il a encore à servir activement, renvoyé dans ses foyers en disponibilité, à moins qu'en raison de sa présence sous les drapeaux, il n'ait procuré la dispense de service à un frère puîné actuellement vivant. — *V.* 283, *pour les engagés conditionnels.*

Le bénéfice de la disposition du paragraphe précédent s'étend : 1° au militaire devenu fils aîné ou petit-fils aîné de septuagénaire par suite du décès d'un frère. (*V. en outre* § *III de l'art.* 12;) —

(1) I. 25 septembre 1833, J. M. p. 157.
(2) Art. 17 de la loi du 27 juillet 1872, J. M. p. 139. — C. M. 15 mai 1873, J. M. p. 592 ; — 14 juillet 1873, J. M. p. 68. — C. M. 12 février 1874, J. M. p. 107. — Consulter la N. M. 7 mai 1874, J. M. p. 439.

2° au frère d'un aveugle ou impotent qui se trouve dans l'un des cas énumérés ci-dessus.

Les dispenses énoncées au présent article ne sont applicables qu'aux enfants légitimes.

332. — La demande d'un militaire sous les drapeaux est présentée au conseil d'administration du régiment ; celle d'un jeune homme non incorporé est remise au commandant du bureau de recrutement sous l'administration duquel il est placé.

Elle est accompagnée du certificat modèle n° 1, annexé à la circulaire ministérielle du 12 février 1874 (1-74, 115) et des pièces indiquées dans le bordereau ci-après (art. 333) selon le cas. — V. 116.

Voir le tableau ci-contre.

---

333. — **BORDEREAU** des pièces à produire par les militaires qui demandent leur renvoi dans la disponibilité (art. 331).

INDICATION des situations prévues par les dispositions finales de l'article 17 de la loi du 27 juillet 1872, (331 *du Manuel.*)	INDICATION DES PIÈCES A PRODUIRE dans chacun des cas ci-contre.
1° Aîné d'orphelins de père et de mère	Acte de mariage des père et mère; Acte de décès des père et mère.
2° Fils unique ou aîné des fils d'une femme actuellement veuve............................	Acte de mariage des père et mère. Acte de décès du père.
3° Petit-fils unique ou aîné des petits-fils d'une femme actuellement veuve..................	Acte de mariage des père et mère. Acte de mariage des aïeuls; Acte de décès de l'aïeul.
4° Fils unique ou aîné des fils d'une femme dont le mari a été légalement déclaré absent.........	Acte de mariage des père et mère. Copie du jugement de déclaration d'absence du père.
5° Petit-fils unique ou aîné des petits-fils d'une femme dont le mari a été légalement déclaré absent..................................	Acte de mariage des aïeuls; Acte de mariage des père et mère. Copie du jugement de déclaration d'absence de l'aïeul.
6° Fils unique ou aîné des fils d'un aveugle	Acte de mariage des père et mère. Certificat délivré par la commission de réforme.
7° Petit-fils unique ou aîné des petits-fils d'un aveugle	Acte de mariage des aïeuls; Acte de mariage des père et mère. Certificat délivré par la commission de réforme.
8° Puîné d'orphelins de père et de mère (lorsque l'aîné des orphelins est aveugle ou impotent)..	Acte de mariage des père et mère. Acte de décès des père et mère; Certificat délivré par la commission de réforme.
9° Fils puîné d'une femme actuellement veuve (lorsque l'aîné des fils est aveugle ou impotent)...	Acte de mariage des père et mère. Acte de décès du père; Certificat délivré par la commission de réforme.
10° Fils puîné d'une femme dont le mari a été légalement déclaré absent (lorsque l'aîné des fils est aveugle ou impotent)	Acte de mariage des père et mère. Copie du jugement de déclaration d'absence; Certificat délivré par la commission de réforme.
11° Petit-fils puîné d'une femme actuellement veuve (lorsque l'aîné des petits-fils est aveugle ou impotent)	Acte de mariage des aïeuls; Acte de décès de l'aïeul; Certificat délivré par la commission de réforme.
12° Petit-fils puîné d'une femme dont le mari a été légalement déclaré absent (lorsque l'aîné des petits-fils est aveugle ou impotent)...........	Acte de mariage des aïeuls; Acte de mariage des père et mère; Copie du jugement de déclaration d'absence de l'aïeul; Certificat délivré par la commission de réforme.
13° Fils puîné d'un aveugle (lorsque l'aîné des fils est aveugle ou impotent)......................	Acte de mariage des père et mère; Certificat délivré par la commission de réforme.
14° Petit-fils puîné d'un aveugle (lorsque l'aîné des petits-fils est aveugle ou impotent	Acte de mariage des aïeuls; Acte de mariage des père et mère; Certificat délivré par la commission de réforme.
15° Fils aîné ou unique de septuagénaire par suite du décès d'un frère.........................	Acte de mariage des père et mère; Acte de décès du frère.
16° Petit-fils aîné ou unique de septuagénaire par suite du décès d'un frère....................	Acte de mariage des aïeuls; Acte de mariage des père et mère; Acte de décès du frère.

334. — Dans les cas de cécité ou d'impotence du frère aîné, de cécité des ascendants, la commission spéciale de réforme (385) est convoquée. Elle peut déléguer un médecin pour la visite à domicile. L'aveugle ou l'impotent est alors visité en présence d'un officier de gendarmerie qui dresse un procès-verbal et le transmet à cette commission. — 104.

335. — Le général commandant le corps d'armée dans la région duquel se trouve le département où le jeune soldat a tiré au sort ou s'est engagé, prononce sur le renvoi dans la disponibilité.

336. — Le conseil d'administration du corps ou le commandant de recrutement, selon qu'il s'agit d'un militaire incorporé ou non incorporé, établit ensuite le certificat d'envoi dans la disponibilité de l'armée active, conformément au modèle nº 2, inséré au J. M. 1-74, 117, le signe et le présente au visa du sous-intendant.

Pour les militaires qui se retirent à Paris ou dans toute autre ville importante, on doit indiquer sur cette pièce le nom de la rue, le nº de la maison et celui de l'arrondissement du nouveau domicile (1-70, 90.)

337. — Les hommes qui, étrangers aux départements de la Seine et de Seine-et-Oise, demandent à se retirer dans ces départements, ne doivent y être autorisés qu'autant qu'ils justifient que leur famille y est établie ou qu'ils y ont des moyens d'existence assurés.

338. — La mutation des militaires envoyés dans la disponibilité est notifiée aux commandants de recrutement du département où ils ont satisfait à la loi sur le recrutement, par les conseils d'administration qui, à cet effet, leur adressent directement et au plus tard dans les dix jours qui suivent la date du passage :

1º Le certificat d'envoi dans la disponibilité,
2º Le feuillet matricule, au courant (1),
3º Le certificat de bonne conduite s'il y a lieu.

Dans le cas où ce département ne serait plus celui où veulent se retirer les militaires devenus disponibles, le commandant de recrutement, après avoir porté la mutation sur son registre matricule, transmet les pièces à son collègue du nouveau domicile qui inscrit les hommes sur les contrôles de la disponibilité de sa circonscription.

Afin d'éviter les difficultés sous ce rapport, le militaire qui, à son départ du corps, veut faire élection de domicile dans une localité autre que celle où il était domicilié au moment de son appel à l'activité, remet au conseil d'administration de son corps, pour être transmise au maire, la déclaration (2) qu'aux termes du Code

(1) En cas de mobilisation, ces feuillets, sur lesquels on raye le nº matricule et change l'indication du corps, sont envoyés aux nouveaux corps et remis aux compagnies ou escadrons où les hommes sont placés. — 353. — V. en outre la N. M. 7 mai 1874, J. M. p. 439.

(2) Simple déclaration, écrite, de changement de domicile. Il n'y a pas de formule réglementaire.

civil (*art.* 103 *et* 104; *J. M.* 1-74, 109) il doit faire au maire de son ancien domicile. Le corps a soin d'indiquer le lieu du nouveau domicile sur la feuille matricule qu'il envoie au commandant du bureau de recrutement.

339. — Arrivés dans le lieu de leur résidence, les militaires remettent leurs feuilles de route au commandant de recrutement, soit directement, soit par l'intermédiaire des commandants de brigade de gendarmerie auxquels ils sont tenus de se présenter eux-mêmes et de faire viser ces feuilles. Ils reçoivent en échange leur certificat, avec celui de bonne conduite s'il leur a été accordé. — 392.

Avant de se dessaisir du certificat d'envoi dans la disponibilité, le commandant du bureau de recrutement a dû y inscrire l'arme à laquelle l'homme est affecté et le lieu, au besoin la caserne, où il devra se rendre en cas de mobilisation (1).

340. — Le feuillet matricule est conservé par le commandant de recrutement pour l'inscription du militaire sur le contrôle sommaire. — 141.

Le passage dans la disponibilité des engagés conditionnels est opéré et constaté ainsi qu'il vient d'être expliqué (336 *et suiv.*) — 283, 373.

Disponibilité de l'armée active (2).

341. — La disponibilité comprend:

1° Les jeunes gens appelés ou engagés qui, postérieurement à la décision du conseil de révision, ou à la date de leur engagement volontaire, ou après leur incorporation, ont été maintenus ou envoyés dans leurs foyers, conformément aux dispositions finales de l'article 17 de la loi du 27 juillet 1872; — 331.

2° Les militaires qui ne sont pas maintenus sous les drapeaux après le temps de service exigé par les art. 40 et 41 de la même loi (2e portion du contingent); — 32.

3° Les élèves de l'École polytechnique et de l'École forestière qui, ayant satisfait aux examens de sortie desdites écoles, ne sont pas entrés dans un des services militaires de l'armée active; — 24.

4° Les engagés conditionnels d'un an et les jeunes gens assimilés à ces engagés qui, ayant satisfait aux examens prévus par l'art. 56 de ladite loi (275), sont envoyés dans leurs foyers. — 283.

On peut ajouter à cette nomenclature:

1° Les dispensés du service d'activité en temps de paix compris dans les paragraphes I et II de l'art. 12;

2° Les dispensés à titre provisoire, comme soutiens indispensables de famille; — 17.

3° Les jeunes gens auxquels il a été accordé des sursis d'appel (*V.* 26, 365).

---

(1) N. M. 13 mai 1874, J. M. p. 514.

(2) L. 24 juillet 1873, J. M. p. 35. — C. M. 29 nov. 1873, J. M. p. 467; — 12 fév. 1874, J. M. p. 107.

Tous sont à la disposition du Ministre de la guerre. Les dispensés dont la position se modifie sont soumis à toutes les obligations de la classe à laquelle ils appartiennent. En attendant, les uns et les autres sont immatriculés suivant une répartition arrêtée par les généraux commandant les corps d'armée, dans les divers corps de troupe ou services de la région dont fait partie leur domicile et reçoivent un certificat constatant cette immatriculation. Ils sont astreints soit à des exercices déterminés par le Ministre, soit à des revues. — 339, 347.

342. — Lorsque des modifications surviennent dans la position des dispensés que nous avons ajoutés à la nomenclature des hommes de la disponibilité (341), il est procédé de la manière suivante :

Les maires en rendent compte aux préfets qui en donnent avis à l'autorité militaire locale. Celle-ci examine si la position de famille du jeune homme signalé n'est pas telle qu'il puisse réclamer le bénéfice du renvoi dans la disponibilité (331).

Dans le cas de l'affirmative le jeune homme doit, sur sa demande, y être classé au titre voulu par la loi. Dans le cas contraire, et s'il n'a plus un an de service à accomplir il est maintenu provisoirement dans ses foyers, et sa mutation est mentionnée sur les contrôles du recrutement. S'il reste à sa classe plus d'une année de service actif à faire, il est immédiatement appelé sous les drapeaux et, suivant que son numéro de tirage est inférieur ou supérieur au dernier numéro de la première portion du contingent, il est maintenu en activité pendant tout le temps que doit encore sa classe, ou renvoyé dans ses foyers après un an ou six mois de service dans la condition des articles 40 et 41 de la loi. — 32,33.

En ce qui concerne les soutiens de famille, spécialement (341), dès que les préfets sont, dans l'intervalle des sessions des conseils de révision, informés qu'un jeune homme dispensé cesse de remplir les devoirs que lui impose la faveur dont il a été l'objet, ils réunissent le conseil de révision et provoquent une décision sur la question de savoir si les faits signalés doivent entraîner la radiation de la liste des soutiens de famille. Avis des radiations prononcées est immédiatement donné à l'autorité militaire qui agit ensuite comme il vient d'être expliqué.

343. — En cas de guerre, les disponibles sont appelés comme les hommes de leur classe; l'autorité militaire en dispose alors selon les besoins des différents services. — *V.* 171, 406, 445.

344. — Les conseils d'administration qui ont à faire passer, sans frais, des mandats de paiement ou d'autres pièces à des militaires de la disponibilité, doivent avoir recours à l'intermédiaire des commandants de recrutement. (*N. M.* 24 *nov.* 1862, *J. M. t. IX.*)

CONTRÔLES DE LA DISPONIBILITÉ.

345. — Chaque année, au 1er juillet, les commandants de recrutement ouvrent pour chacun des corps auxquels sont affectés

les hommes de la disponibilité de leur circonscription, un contrôle spécial (*Mod. n°* 3, 1-74, 119), sur lequel ils inscrivent, au fur et à mesure de leur envoi dans la disponibilité et de leur arrivée dans la circonscription, les hommes dont le passage dans la réserve de l'armée active doit avoir lieu dans la même période d'un an, du 1er juillet au 30 juin de l'année suivante.

Cette inscription est faite dans l'ordre suivant:

1° Officiers auxiliaires (24,285);
2° Sous-officiers;
3° Caporaux ou brigadiers;
4° Engagés d'un an et assimilés non gradés;
5° Soldats.

346. — Dans le cas où des disponibles auraient quitté la circonscription sur les registres matricules de laquelle ils sont inscrits, c'est sur les contrôles de leur domicile actuel qu'ils devraient figurer.

347. — Des ordres d'appel établis au titre de l'arme à laquelle sont affectés les disponibles et indiquant le lieu et au besoin la caserne où ils doivent se rendre, en cas de mobilisation, sont, en outre, préparés à l'avance par les commandants de recrutement.

IMMATRICULATION (1).

348. — La répartition tant des hommes de la disponibilité que de la réserve, ceux qui sont domiciliés en Algérie exceptés, est opérée de deux manières différentes, selon qu'elle concerne tous les régiments d'infanterie ou les divers corps des autres armes. Tous les corps autres que les régiments d'infanterie sont alimentés par l'ensemble des ressources du corps d'armée dont ils font partie; puis le prélèvement nécessaire à cette première opération effectué, on affecte à chaque régiment d'infanterie, qui n'en reçoit aucun autre, tous les réservistes restant disponibles dans la subdivision de région qui lui est attribuée.

Pour l'exécution de ce travail, on suppose tout constitués les cadres qui doivent entrer dans la composition normale d'un corps d'armée (trains, pontonniers, chasseurs à pied, ouvriers d'administration, etc.).

349. — Des dispositions particulières aux départements partagés entre plusieurs corps d'armée (Rhône, Seine, Seine-et-Oise), ainsi que la proportion des diverses professions à distribuer dans les sections des troupes de l'administration, sont indiquées dans la circulaire ministérielle du 9 mars 1874, (*J. M. p.* 263).

350. — Lorsque des hommes de plusieurs classes sont affectés à un même corps, ils sont pris, autant que possible, en nombre égal dans chacune d'elles.

351. — Les hommes qui ont établi leur domicile en Algérie sont affectés à des corps de l'armée d'Afrique, et de préférence à ceux stationnés dans les divisions où ils se trouvent.

(1) C. M. 9 mars 1874, J. M. p. 263; — 22 avril 1874, J. M. p. 424.

352. — L'immatriculation dans les diverses armes et les divers corps de la région, des hommes de la disponibilité, est faite par le bureau de recrutement chargé de la tenue du registre matricule.

Cette opération consiste à établir, au fur et à mesure de l'inscription des hommes sur les contrôles de la disponibilité, et à l'aide des feuillets matricules envoyés par les corps, de nouveaux feuillets du modèle en usage pour les différentes armes. — *V. note de l'art.* 338.

Des feuillets sont établis, en outre, pour les jeunes gens maintenus dans la disponibilité sans avoir été appelés sous les drapeaux. — 12.

353. — Les numéros des régiments ne sont pas portés sur ces feuillets; on doit se borner à indiquer la ville où ils sont en garnison, en employant la formule suivante : *Régiment d'infanterie stationné à* (lieu où se trouve le dépôt du corps).

354. — Tous ces feuillets sont certifiés par les commandants de recrutement et vérifiés par les sous-intendants.

Dès qu'ils sont terminés, ils sont adressés avec un bordereau nominatif, aux corps qui occupent la garnison où les hommes devront se rendre en cas de rappel.

355. — Au fur et à mesure de la réception des feuillets, ces corps inscrivent les hommes sur un répertoire spécial. Ils leur donnent un numéro d'ordre qui est reproduit sur le bordereau d'envoi ci-dessus indiqué (354), et ils renvoient ensuite ce bordereau au commandant de recrutement.

Le répertoire spécial est destiné, en outre, à recevoir l'inscription des mutations dont les hommes peuvent être l'objet.

Les feuillets matricules, réunis et placés sous écrous, forment le registre matricule des hommes de la disponibilité des corps.

356. — En cas de changement de garnison, les feuillets et le répertoire sont remis par le corps partant à celui qui le remplace.

357. — Les mutations sont notifiées aux corps par les commandants de recrutement, au moyen d'avis de mutation conformes au modèle n° 4 (1-74, 122), qui doivent être renvoyés à cet officier après l'inscription des mutations sur le répertoire du corps.

Si la mutation avait pour effet de faire rayer l'homme de la disponibilité d'un corps, le feuillet matricule devrait être renvoyé au bureau du recrutement en même temps que le bulletin.

358. — Le numéro d'immatriculation des hommes de la disponibilité ne leur est donné par les corps qu'au moment où ils sont rappelés à l'activité.

RADIATION DES CONTROLES DE LA DISPONIBILITÉ.

359. — Les jeunes gens sont rayés des contrôles de la disponibilité :

1° Par suite de décès, de réforme ou d'exclusion du service; — 9,381.

2° Quand ils sont pères de quatre enfants; — A cet effet, ils produisent à l'autorité militaire, avec une copie de leur acte de mariage, les actes de naissance de leurs enfants que le maire certifie être vivants. Ils sont alors placés dans l'armée territoriale;

3° Lorsqu'ils sont arrivés à l'époque légale de leur passage dans la réserve;

4° Quand ils ont souscrit un acte d'engagement ou de rengagement pour l'armée active; — 216,303.

5° En cas de mobilisation.

Sont, en outre, rayés des contrôles de la disponibilité de leur circonscription, ceux qui ont transporté leur domicile hors de cette circonscription.

Des dispensés à titre conditionnel du service militaire.

360. — Cette catégorie (14) comprend les jeunes gens qui ne sont tenus à aucun service militaire aussi longtemps qu'existe la cause de dispense. Ils figurent pour mémoire sur la matricule de recrutement et sur le contrôle sommaire. — 137, 141.

361. — Les jeunes gens qui cessent de remplir les conditions voulues pour leur maintien dans cette catégorie sont, après le visa de la déclaration qu'ils ont dû faire (*v.* 15), signalés par les préfets à l'autorité militaire locale. Celle-ci les met en route immédiatement, s'ils le désirent. Dans le cas contraire, elle leur notifie un ordre d'appel au moment de la mise en route de la classe qui est appelée la première sous les drapeaux après la cessation de leurs services, fonctions ou études, pour accomplir cinq années de service actif, quel que soit leur numéro de tirage.

Une mention spéciale constatant leur position, est portée sur le contrôle signalétique adressé au corps par le commandant de recrutement. — 190.

362. — Les préfets s'assurent, du reste, le 1er janvier de chaque année, que les dispensés satisfont aux conditions sous lesquelles la dispense leur a été accordée. Ils réclament, à cet effet, à ces jeunes gens, des certificats établissant leur position; et ils prennent, à l'égard des délinquants, les mesures prescrites par la loi et par la circulaire ministérielle du 29 novembre 1873.

363. — L'époque à partir de laquelle courent les cinq années que sont tenus d'accomplir les jeunes gens dont il s'agit, est la date de l'avis donné par le préfet à l'autorité militaire, sauf déduction, bien entendu, de la durée des peines auxquelles ils ont pu être condamnés pour n'avoir pas fait, en temps utile, la déclaration légale. — 15.

364. — Chaque année, le 1er mars, les préfets adressent au Ministre de la guerre (bureau du recrutement), un état nominatif (*mod.* 2-73, 471), indiquant les modifications survenues pendant l'année précédente dans la position des dispensés conditionnels.

Des jeunes gens en sursis d'appel.

365. — Bien qu'ils soient à la disposition du Ministre en cas de guerre et même en temps ordinaire pour certains exercices, les

jeunes gens qui ont obtenu des sursis d'appel ne peuvent être considérés comme faisant partie de la disponibilité, parce que leur service dans l'armée active ne compte que du jour de leur appel à l'activité.

A partir de cette date, ils accomplissent cinq années de service, un an ou même six mois, selon qu'ils ont été appelés par leurs numéros de tirage à faire partie de la première ou de la deuxième portion de la première partie de la liste de recrutement. (*N° 140 de l'inst.* 28 *avril* 1873, *J. M. p.* 538.)

Des ajournés.

366. — Cette catégorie (20), 5e partie des listes du recrutement, figure sur le contrôle sommaire (141) pour mémoire ; les individus qui en font partie ne sont inscrits sur le registre matricule du recrutement qu'après qu'une décision définitive a été prise à leur égard. Ils sont alors, dans le cas d'admission au service, portés sur ce registre à la suite des jeunes gens de leur classe et demeurent soumis, selon la catégorie dans laquelle ils sont placés, à toutes les obligations de la classe à laquelle ils appartiennent.

CHAPITRE III.

CAUSES DE RÉDUCTION DE L'EFFECTIF DE L'ARMÉE ACTIVE.

367. — L'effectif de l'armée active est réduit par les passages dans la réserve, dans l'armée territoriale; par les réformes, les retraites, les décès, etc.

368. — Chaque année, dans un état de décomposition de l'effectif qu'ils font parvenir hiérarchiquement au Ministre, du 1er au 15 janvier, les corps présentent en un tableau spécial, numériquement et par année de libération, les sous-officiers, les caporaux et les soldats du corps. (*J. M. t. III, p.* 483. Le Ministre connaît ainsi d'avance le nombre des hommes libérables dans chacun des corps de l'armée. — 436 (1).

Passage dans la réserve (2).

369. — Le 30 juin de la cinquième année de leur service actif, en temps de paix, les jeunes soldats et les substituants reçoivent des certificats de passage dans la réserve (*mod.* 1-74, 158 et 425). — 3.

370. — Les engagés volontaires reçoivent les mêmes certificats à l'expiration des cinq années révolues. — 199, 371.

371. — En temps de guerre, le renvoi des militaires dans la réserve n'a lieu qu'après l'arrivée au corps des hommes de la classe destinée à remplacer celle à laquelle ils appartiennent. Cette disposition est applicable en tout temps aux hommes appartenant aux équipages de la flotte en cours de campagne.

Pour l'application de cette disposition aux engagés volontaires, on doit les considérer comme appartenant à une classe par leur engagement et non par leur âge; ainsi : les jeunes gens qui se sont engagés du 1er juillet 1873 au 30 juin 1874 inclusivement, appartiennent à la classe 1873; ceux qui se sont engagés du 1er juillet 1874 au 30 juin 1875, à la classe 1874, parce qu'ils sont libérables, respectivement, dans la même année que ces classes, etc.

372. — Les certificats de passage dans la réserve sont établis par les conseils d'administration, pour les militaires des corps; par les commandants de recrutement pour ceux de la disponibilité,

(1) V. ci-après l'art. 436, § 6°.
(2) L. 27 juillet 1872, art. 38; — 24 juillet 1873, art. 11, J. M. p. 37. — N. M. 7 mai 1874, J. M. p. 439.

les dispensés, etc. Il est procédé à cet égard ainsi qu'il a été expliqué aux art. 336 et suivants.

373. — Le chef de corps fait connaître, par la voie de l'ordre, que tout militaire renvoyé dans ses foyers doit se rendre à la résidence qu'il a choisie ou qui lui a été assignée. Ceux qui seraient trouvés hors de leur itinéraire peuvent être dirigés sur leur résidence par l'autorité.

374. — Au moment de leur passage dans la réserve, les militaires sont immatriculés dans la région où ils ont déclaré vouloir être domiciliés (*v.* 401.). Cette immatriculation est mentionnée dans une case spéciale sur le titre qu'ils reçoivent après leur arrivée dans leurs foyers, de la manière indiquée à l'article 339 ci-dessus. — 347, 437.

Passage dans l'armée territoriale.

375. — Les militaires de l'armée active susceptibles d'être envoyés dans l'armée territoriale, sont :

1° Les hommes en disponibilité qui sont pères de quatre enfants vivants (*Art. 44 de la loi du 27 juillet* 1872) ; — 359 § 2°.

2° Les militaires de tout grade ayant droit à leur libération après neuf ans au moins de service actif.

376. — Toutes les formalités indiquées ci-dessus, art. 369 et suiv., sont observées pour les renvois, dans l'armée territoriale, des hommes appartenant aux corps de troupe ou aux divers établissements. La seule différence est dans la contexture du titre qui leur est délivré.

Libération définitive (1).

377. — Jusqu'à ce que la loi du 27 juillet 1872 soit en plein fonctionnement, les corps auront à effectuer des libérations définitives. Nous avons, pour ce motif, jugé à propos de maintenir ce paragraphe.

Les militaires maintenus au service dans les conditions prévues aux art. 27 et 28 du décret du 30 novembre 1872 reçoivent leur congé définitif à l'époque fixée pour l'expiration de l'acte qui les lie au service.

378. — Les imprimés de congés de libération définitive sont fournis par le ministère de la guerre et revêtus de son timbre sec ; les conseils d'administration les demandent, par lettre, aux généraux commandant les corps d'armée sous les ordres desquels ils sont placés; ceux-ci tiennent, pour cet objet, des comptes ouverts tant avec le Ministre qu'avec les corps.

Les conseils d'administration centraux et les conseils éventuels fournissent à ces généraux, à la fin de chaque année et lorsqu'ils quittent le corps d'armée, un compte d'emploi conforme au mo-

(1) C. M. 5 mars 1857, J. M. t. VIII; — 11 mars 1862. — Le service des jeunes soldats de la classe de 1870 a commencé le 10 août 1870. (*L.* 10 *août* 1870, *J. M.* p. 307). — Pour la classe 1871, v. 2-72, 209 et 210.

dèle nº 1, inséré au *J. M.* 2-73, p. 515. Les imprimés qui leur restent au moment du départ sont renvoyés au général. Le compte rendu de l'emploi de ces imprimés est fourni de même par les généraux au Ministre.

379. — Les militaires libérés définitivement étant au corps ne reçoivent qu'une feuille de route portant indemnité. Leur congé et, lorsqu'il y a lieu, leur certificat de bonne conduite, sont envoyés au sous-intendant militaire du département où ils se sont retirés. Celui-ci les leur fait parvenir. — 339, 392.

De la réforme des hommes de troupe.

380. — Tout militaire atteint d'un mal incurable qui le rend impropre au service actif doit être proposé pour la réforme ou la retraite. Il ne peut être classé dans le service auxiliaire. (*C. M.* 28 *août* 1873, *J. M. p.* 140.)

Nous examinerons ailleurs (1) les différents cas où la pension peut être revendiquée et les deux cas de réforme pour l'officier. Il ne s'agit ici que de la réforme des sous-officiers, des caporaux et des soldats. — 125.

DES DIFFÉRENTES SORTES DE CONGÉS DE RÉFORME (2).

381. — Les congés de réforme sont de deux espèces bien distinctes, et conformes aux modèles nº 1 et nº 2 (*J. M. t. IV, p.* 253 *et* 255). Le timbre sec du ministère de la guerre est apposé sur chacun de ces congés.

Les imprimés du premier modèle sont fournis aux corps ainsi qu'il a été dit plus haut, art. 378; ceux du second sont fournis aux commandants des dépôts de recrutement qui les demandent au général commandant le corps d'armée et en rendent compte ainsi qu'il a été expliqué pour les corps (2-73, 516).

Le congé nº 1 est délivré à l'homme dont la réforme est prononcée pour blessures reçues *dans un service commandé* ou *pour infirmités contractées dans les armées de terre et de mer.*

Le congé nº 2 est délivré lorsque la réforme est prononcée soit pour blessures reçues *hors* du service, soit pour des infirmités contractées *hors* des armées de terre ou de mer, antérieurement ou non à l'admission du jeune soldat dans le contingent de sa classe ou à son incorporation. — 384, 386.

DÉLIVRANCE DES CONGÉS (3).

382. — L'état du militaire est d'abord constaté au corps par le médecin y faisant le service, lequel délivre un certificat de visite. L'homme est ensuite présenté à l'autorité chargée de statuer.

---

(1) Dans un ouvrage qui paraîtra après la réorganisation de l'armée.
(2) I. 3 mai 1844, J. M. t. IV, p. 215. — I. du conseil de santé des armées en date du 3 avril 1873, J. M. p. 479. — V. 125, 380.
(3) C. M. 15 juillet 1852, J. M. t. V. p. 433; — D. M. 3 août 1857, J. M. t. VIII, p. 361. — D. M. 16 mars, 1874, J. M. p. 211.

383. — La réforme par congé n° 1 est prononcée par l'inspecteur général à l'époque de son inspection; par le général chargé de passer la revue à l'époque des inspections trimestrielles, et en tout autre temps par le général commandant la division militaire. Le général fait contre-visiter les malades en sa présence par deux médecins qu'il choisit parmi ceux attachés aux hôpitaux militaires, ou, à défaut, parmi ceux employés dans les hospices civils. Lorsque le général de division ne se trouve pas sur les lieux, la contre-visite peut être passée en présence du général de brigade qui lui signale la position de l'homme. Si les médecins, dans le certificat qu'ils établissent, déclarent que le militaire est hors d'état de faire jamais un service actif, il est réformé.

384. — En principe, le congé est établi par le corps auquel appartient le militaire réformé. Si ce corps n'est pas sur les lieux, le général ordonne au conseil d'administration du corps stationné dans la localité de l'établir, et d'informer l'autre de la mutation. (*J. M.* 1-65, *p.* 268, 2me *alinéa.*)

385. — La réforme par congé n° 2 est prononcée par une commission spéciale qui se réunit, quand il en est besoin, au chef-lieu de chaque département, et qui se compose, savoir :

Du commandant de la subdivision territoriale, président, (avec voix prépondérante en cas de partage);
Du sous-intendant militaire chargé du recrutement dans le département;
Du commandant de la gendarmerie départementale;
Et du commandant du bureau de recrutement et de réserve.

Lorsqu'il n'y a pas de général de brigade présent au chef-lieu, il est remplacé par l'officier le plus élevé en grade de la garnison, et cet officier préside, quel que soit d'ailleurs le rang du membre de la commission appartenant au corps de l'intendance.

En Algérie, le commandant de recrutement est remplacé par un officier supérieur pris dans l'un des corps stationnés dans la localité.

La commission est assistée de deux officiers de santé, chargés de procéder en sa présence à la contre-visite du militaire. Les médecins sont désignés par le président de la commission.

386. — Les militaires reconnus impropres au service reçoivent leur congé au titre du bureau de recrutement du département où la réforme a été prononcée et par les soins du commandant de ce bureau, lequel en donne avis au conseil d'administration du corps dont font partie ces militaires.

Ceux dont l'inaptitude est déclarée douteuse sont maintenus provisoirement à leur corps pour y être l'objet d'une surveillance particulière et être présentés de nouveau à la commission dans un délai qui ne peut excéder six mois à partir de la date de la décision d'ajournement. — 388.

DISPOSITION SPÉCIALE AUX MILITAIRES EN TRAITEMENT DANS UN HOPITAL.

387. — Ces militaires, avant d'être proposés pour la réforme, doivent d'abord être visités par un médecin des corps désignés

par le général de division. (*D. M.* 18 *février* 1846, *J. M. t. IV, p.* 663.)

EFFETS DE LA RÉFORME (1).

388. — L'obtention du congé n° 1 ouvre pour le frère du réformé le droit à la dispense du service d'activité en temps de paix. Le titulaire du congé n° 2 n'en confère aucune. — 12, § V.

Lorsque les militaires en expectative de réforme (386) demandent un certificat de présence sous les drapeaux pour dispenser un frère du service, ils sont envoyés immédiatement, par le général de brigade, devant la commission spéciale du département où ils se trouvent, et le certificat n'est délivré qu'autant que la commission ne les a pas réformés définitivement.

389. — Les militaires réformés sont complétement libérés des obligations du service; toutefois le titulaire d'un congé n° 2, qui serait appelé ultérieurement à faire partie du contingent d'une classe et reconnu apte au service, devrait être compris dans ce contingent, mais en lui tenant compte du temps de service fait. (*J. M.* 1-73, 535.)

Cas spéciaux de radiation de l'effectif (2).

390. — Indépendamment des causes de réduction énumérées ci-dessus, les militaires sont rayés de l'effectif dans les circonstances ci-après :

1° Absence illégale, après six mois.

2° Disparition aux armées ou prisonnier de guerre;

Ceux de cette catégorie ne sont rayés que des contrôles de la solde ; c'est-à-dire qu'en rentrant ils reprennent leur ancien numéro matricule. (*N. M.* 7 *mai* 1858, *J. M. t. VIII.*)

3° Condamnation à une peine infamante entraînant l'exclusion du service; — 9.

4° Décès ;

Le lieu du décès doit être indiqué sur la matricule, d'une manière exacte et précise. S'il s'agit d'un décès arrivé à Paris ou à Lyon, la matricule doit désigner l'arrondissement. En cas de mort par submersion, elle relate le nom de la commune sur le territoire de laquelle le corps a été retrouvé et dont le maire a établi l'acte mortuaire. Si le décès a eu lieu dans un hôpital ou à bord d'un navire, elle indique le nom de ce navire ou de cet hôpital. (*N. M.* 13 *septembre* 1866, *J. M. p.* 191).

5° Admission à la pension de retraite ;

6° Perte du grade, pour les officiers; } ayant accompli vingt années de service.

7° Réforme des officiers; }

8° Démission des officiers }

A cet égard nous ferons observer que tout officier, médecin, chef de musique, que des convenances personnelles obligent à quitter le service, ne peut, sous aucun prétexte, être mis en non-activité; il doit donner sa démission. Cette démission, à laquelle le chef de corps joint une lettre pour le Ministre, faisant

(1) Art. 17 de la loi du 27 juillet 1872.

(2) Art. 480 et suiv. de l'ord. du 25 déc. 1837.

connaître les motifs qui ont déterminé l'officier à se retirer, est conçue dans les termes ci-après (1-73, 837, art. 116):

« Je soussigné (*le nom, le grade et le corps*) offre ma démission du grade qui » m'a été conféré dans l'armée de terre ; déclare, en conséquence, renoncer vo- » lontairement, et d'une manière absolue, aux prérogatives attachées à ce grade, » et demande à me retirer dans mes foyers à arrondissement » d département d

» A le 18 »

391. — Les militaires rayés de l'effectif soldé étant à l'hôpital sont signalés, immédiatement après leur radiation, au sous-intendant chargé de la police administrative du corps qui en informe sans délai le fonctionnaire de l'intendance chargé de la surveillance de l'établissement. (*Voy. le modèle du bulletin à fournir, art.* 510 *du règ. du* 31 *août* 1865, *J. M. tome spécial, p.* 127 *et* 298.)

Du certificat de bonne conduite (1).

392. — Le certificat de bonne conduite, conforme au modèle inséré au *J. M.* (*t. III, p.* 469) est délivré par le conseil d'administration, sur la proposition du capitaine et l'avis du chef de bataillon, à tout homme qui, comptant au moins une année de présence sous les drapeaux, y compris, le cas échéant, le temps passé au dépôt d'instruction, est renvoyé en congé renouvelable, en disponibilité ou dans la réserve, ou réformé au corps; mais à la condition qu'il n'y ait dans ses punitions rien qui blesse l'honneur ou qui annonce l'indiscipline ou l'inconduite habituelle. Il indique si le militaire est en état de reprendre du service et s'il est célibataire, marié ou veuf avec ou sans enfants. Il n'est jamais délivré en copie ni en duplicata.

Le certificat ne peut être refusé aux sous-officiers, aux caporaux, aux soldats de 1re classe, ni aux musiciens. Toutefois, lorsque le conseil d'administration juge que l'un des militaires dont il s'agit se trouve, au moment de sa libération, indigne d'obtenir un certificat de moralité, il doit en référer au Ministre, qui prononce.

393. — Les conseils d'administration, pas plus que les chefs de corps, ne peuvent délivrer aux hommes congédiés aucune attestation particulière de bon service ou de moralité, sous quelque forme et en quelques termes que ce soit (2). Toutefois, à l'égard des hommes libérés dans une compagnie de discipline qui, dans aucun cas, ne peuvent prétendre à un certificat de bonne conduite, la circulaire du 23 avril 1851 (*J. M. t. V, p.* 208) autorise le commandant de la compagnie à leur délivrer, s'ils le méritent, et s'ils ont dix mois de séjour dans la compagnie sans punition, une attestation constatant leur repentir.

---

(1) D. M. 9 juin 1857, J. M. t. VIII, p. 186. — C. M. 3 mars 1857, J. M. p. 333 ; 13 juillet 1838, J. M, t. III, p. 467. — N. M. 26 juillet 1853, J. M. t. V, p. 643. — C. M. 16 mars 1839, J. M. t. III, p. 556. — N. M. 28 déc. 1859, J. M. p. 381. — Art. 18 de l'inst. du 7 juin 1873, J. M. p. 772. — C. M. 21 mars 1870, relative aux hommes ayant moins d'un an de service, et à la mention à porter sur la matricule et sur leur congé, au J. M. 1-70, 96.

(2) V. cependant notre ouvrage intitulé : « *Les Écoles militaires* » p. 24, art. 98.

394. — Les militaires détachés pour un service spécial au moment de leur libération, reçoivent leur certificat du conseil d'administration de leur corps qui prend, à cet égard, tous les renseignements près de qui de droit.

395. — Le général de brigade approuve la délivrance des certificats de bonne conduite. Il a même le pouvoir de décider s'il doit ou non en être délivré. Si le conseil persiste dans une opinion contraire à celle du général, celui-ci en rend compte au général de division qui statue définitivement, ou en réfère au Ministre.

396. — Le trésorier doit indiquer, sur les registres matricules, et les commandants de compagnie sur le feuillet mobile, si un certificat de bonne conduite a été accordé ou refusé. (*N. M. 24 juillet* 1841, *J. M. t. IV, p.* 45.)

Cette mention se met immédiatement après la mutation de radiation et dans la même case. Elle est conçue en ces termes :

« A reçu un certificat de bonne conduite. »

ou

« Certificat de bonne conduite refusé. »

397. — Les jeunes soldats de la 2me portion de la 1re partie de la liste du recrutement ne reçoivent pas de certificat de bonne conduite. (*V. la mention à inscrire sur leur congé, au J. M.* 2-66, 298).

CHAPITRE IV.

DE LA RÉSERVE DE L'ARMÉE ACTIVE (1).

398. — La réserve de l'armée active, ou première réserve, est composée de tous les hommes déclarés propres à un des services de l'armée et compris dans les quatre classes appelées immédiatement avant celles qui forment l'armée active.

Toutefois, les jeunes soldats de l'armée de mer qui ne proviennent pas de l'inscription maritime ne restent, après cinq ans de service dans l'armée de mer, que deux années dans la réserve; après quoi ils passent dans l'armée territoriale. — 406.

399. — Les hommes de la réserve de l'armée active sont assujettis, pendant le temps du service dans ladite réserve, à prendre part à deux manœuvres, chacune d'une durée de quatre semaines au plus.

Immatriculation (2).

400. — Les militaires de la réserve figurent, comme ceux de l'armée active, sur le registre matricule (art. 137).

Ils sont également inscrits sur le contrôle sommaire. — 141.

401. — Leur arrivée dans la réserve est signalée et portée à la connaissance du commandant de recrutement, ainsi qu'il a été indiqué à l'art. 140. Cet officier inscrit alors leur mutation sur le registre matricule et sur le contrôle sommaire; puis il les immatricule dans la région ou les corps désignés à cet effet par le général, ainsi qu'il a été dit ci-dessus, art. 348 et suiv. — 374.

402. — La présence des militaires de la réserve et toutes les mutations survenues parmi eux sont vérifiées par des appels faits dans les chefs-lieux de canton, soit à l'époque des tournées du conseil de révision, soit éventuellement.

Les hommes de la réserve sont prévenus par des publications faites dans chaque commune sous la responsabilité des maires, et par des notifications de la gendarmerie, du lieu, du jour et de l'heure où sera passée la revue d'appel.

Ils sont rassemblés par les soins de la gendarmerie, l'appel est fait par le commandant de recrutement sur des feuilles préparées à cet effet, et le général, ou l'officier supérieur qui le supplée, passe la revue.

Ensuite, les feuilles d'appel sont remises au général qui prononce

---

(1) Art. 36 et suiv. de la loi du 27 juillet 1872, J. M. p. 146.
(2) L. 24 juillet 1873, art. 11, J. M. p. 37.

sur les punitions qu'il y aurait lieu d'infliger soit aux manquants, soit à ceux qui auraient commis quelque infraction aux règlements sur la discipline des hommes appartenant à la réserve. Les feuilles d'appel sont rendues au commandant de recrutement.

403. — Pour subir les punitions disciplinaires qui leur sont infligées, les militaires de la réserve peuvent être écroués dans les prisons civiles.

404. — Les militaires admis dans l'administration des forêts et dans celle des douanes sont exempts des appels de la réserve. Un état nominatitf, envoyé au commandant de recrutement par le directeur ou administrateur dans chaque département, tient lieu de l'appel. (*C. M.* 23 *mars* 1845, *J. M. p.* 147.)

405. — Les mandats de résidu de masse à faire passer aux hommes de la réserve sont envoyés par les corps aux sous-intendants militaires. (*V. en outre l'art.* 341; *il est applicable aux hommes de la réserve*).

DISPOSITIONS SPÉCIALES A L'ARMÉE DE MER (1).

406. — Les réservistes de l'armée de mer appartenant, soit aux équipages de la flotte, soit aux troupes de la marine, sont maintenus sur les matricules de la marine jusqu'au moment où ils passent dans l'armée territoriale (*v.* 3). — Ils reçoivent à cette époque un titre de libération définitive du service de la marine.

Pendant leurs deux années de réserve, ils sont rattachés, selon le lieu de leur résidence, à cinq circonscriptions de réserve maritime ayant chacune pour point de concentration l'un des cinq ports militaires. (*V.* 1-74, 627, *le tableau de ces circonscriptions.*)

Ces circonscriptions ont été déterminées en prenant pour base la direction des principales voies ferrées de France.

Chacun de nos ports militaires est pourvu d'un bureau des réservistes de l'armée de mer, où l'on centralise l'administration des réservistes résidant dans la circonscription dont ce port est le point de concentration.

Cherbourg renferme	le 1er	bureau	(19	départements);	
Brest,	—	le 2e	—	(7	*idem*);
Lorient,	—	le 3e	—	(11	*idem*);
Rochefort,	—	le 4e	—	(18	*idem*);
Toulon,	—	le 5e	—	(31	*idem*);

Chaque bureau des réservistes est dirigé, sous la surveillance immédiate du commissaire général de la marine, par l'officier du commissariat chargé du bureau central de l'inscription maritime.

Dans les départements, l'administration de ces réservistes est confiée aux commandants des dépôts de recrutement agissant pour le compte du Ministre de la marine.

Le bureau de chaque circonscription maritime est chargé de la

---

(1) D. 25 avril 1874, J. M. p. 623. — Rapport du Ministre de la marine au Président de la République en date du 25 avril 1874, J. M. p. 622. — C. M. 30 avril 1874, J. M. p. 619.

tenue du contrôle des réservistes et du service des rappels à l'activité; il est l'unique et obligatoire intermédiaire entre les corps de la marine et les dépôts de recrutement.

Le contrôle des réservistes est distinct par armes (1° équipages de la flotte et infirmiers maritimes; 2° artillerie et armuriers; 3° infanterie de la marine), et peut comporter plusieurs registres. (*V. mod.* 1-74, 621).

Chaque commandant de dépôt de recrutement reçoit de la marine un registre, subdivisé en trois parties (équipages, artillerie, infanterie), pour suivre les mouvements des réservistes placés sous sa surveillance.

Lorsqu'un homme de la marine passe dans la réserve, le conseil d'administration du corps auquel il appartient établit toutes les pièces (certificat de passage dans la réserve, certificat de bonne conduite) qui doivent servir à régulariser la position de ce réserviste. — Il les transmet sans retard à celui des cinq bureaux dont dépend le département où s'est retiré le marin ou le militaire.

Au moyen de ces documents, le bureau des réservistes porte immédiatement l'homme sur les contrôles de réserve sans que cette inscription entraîne la radiation de la matricule du corps. — Les pièces dont il s'agit sont envoyées ensuite, par les soins du bureau des réservistes, au commandant du dépôt de recrutement du département où l'homme s'est retiré.

Toutes les mutations des hommes de la réserve de l'armée de mer sont portées à la connaissance du bureau des réservistes compétent, par les commandants de recrutement compris dans chaque circonscription de réserve maritime.

En cas de changement de résidence d'un réserviste entraînant changement de circonscription de réserve maritime, il est rayé des contrôles du bureau des réservistes où il comptait. L'officier du commissariat chargé du bureau donne avis de cette mutation au bureau des réservistes de la circonscription dans laquelle l'homme s'est retiré. Il envoie le même avis au corps auquel appartient cet homme.

Les dispositions qui précèdent sont applicables aux marins et militaires de la marine placés en congé renouvelable, pendant la période de service actif. Ces hommes sont portés sur les contrôles des réservistes. — Elles ne concernent pas les inscrits maritimes.

Causes de réduction de l'effectif.

RAPPEL A L'ACTIVITÉ.

407. — Les militaires de la réserve ne peuvent être réadmis isolément sous les drapeaux qu'en vertu d'un rengagement. — 305.

408. — Les feuillets matricules mobiles des réservistes réadmis à l'activité sont adressés aux corps sur lesquels ils sont dirigés, par les commandants de recrutement. (*C. M.* 17 *avril* 1845, *J. M. t. IV*, *p.* 558.)

409. — Les commandants de recrutement informent les conseils

d'administration des corps de toutes les mutations des militaires qui cessent de faire partie de la réserve, ainsi qu'il a été expliqué à l'art. 357. Le trésorier du corps en fait mention sur le répertoire spécial. — 354.

410. — La mobilisation des militaires de la réserve a lieu par décret du Président de la République après épuisement complet des deuxièmes portions de la première partie de la liste du recrutement d'abord, et par classe, en commençant par la moins ancienne. Ce rappel peut être fait d'une manière distincte pour la réserve de l'armée de terre et pour celle de l'armée de mer.

Les militaires sont convoqués par un ordre d'appel et au besoin par un ordre de route, comme il est dit ci-dessus, art. 179. Ceux qui n'obéiraient pas seraient signalés par les commandants de recrutement aux conseils d'administration des corps auxquels ils appartiennent, pour qu'ils soient, s'il y a lieu, poursuivis comme déserteurs. (*C. M.* 9 *septembre* 1868, *J. M. p.* 151). — *V. en outre* 437.

AUTRES CAS DE RADIATION.

411. — Les autres causes de radiation des contrôles de la réserve sont :

1° La réforme,
2° La retraite,
3° Le décès,
4° L'exclusion des rangs de l'armée par suite de condamnation ; — 9.
5° Enfin le passage dans l'armée territoriale.

Le paragraphe numéroté 1° de l'article 375 ci-dessus est applicable aux réservistes. — 3, 359, § 2°.

412. — La réforme est prononcée après les formalités indiquées aux art. 380 et suiv., à la diligence du commandant du service du recrutement.

413. — Les autres mutations s'effectuent comme dans l'armée active; elles sont relatées dans les colonnes du registre matricule et du contrôle sommaire à ce destinées.

414. — Les militaires passant dans l'armée territoriale reçoivent du comandant de recrutement un certificat constatant leur nouvelle position dans l'armée.

CHAPITRE V.

DE L'ARMÉE TERRITORIALE (1).

415. — L'armée territoriale est composée de tous les hommes qui ont accompli le temps de service prescrit pour l'armée active et la réserve, et de ceux qui, étant en disponibilité ou en réserve, deviennent pères de quatre enfants légitimes vivants. — 359, § 2.

416. — Ses cadres sont constitués en tout temps, mais l'effectif permanent et soldé ne comprend que le personnel nécessaire à l'administration, à la tenue des contrôles, à la comptabilité et à la préparation des mesures qui ont pour objet l'appel à l'activité.

417. — Elle est formée par régions, et ne comprend pour chaque région que les hommes qui y sont domiciliés.

418. — Les militaires de tous grades qui la composent restent dans leurs foyers et ne sont réunis ou appelés que sur l'ordre de l'autorité militaire.

419. — Le général commandant la région propose au Ministre de la guerre les nominations et mutations qui lui paraissent devoir être faites pour tenir au complet les cadres de l'armée territoriale.

Immatriculation.

420. — Au moyen des renseignements contenus dans le registre matricule (137), chaque commandant de bureau de recrutement fait connaître au général commandant la région, l'état par arme, des hommes qui, finissant d'accomplir leur service dans la réserve, sont domiciliés dans sa subdivision.

421. — Après que la répartition est faite entre les diverses armes par le général commandant, chaque homme passant dans l'armée territoriale est averti par le commandant du recrutement de la subdivision, du corps dont il doit faire partie. Mention en est faite dans une colonne spéciale sur le certificat qui lui est délivré. — 414.

422. — Les dispositions indiquées aux art. 143 et suiv. au sujet des changements de résidence sont applicables aux militaires inscrits sur les contrôles de l'armée territoriale, avec cette différence que ces militaires ne doivent figurer pour l'effectif que dans le département de leur résidence actuelle.

Leur radiation des contrôles du département d'origine est opérée dès que l'avis de leur inscription dans un autre département est

(1) Art. 36 et suiv. de la loi du 27 juillet 1872 ; — 29 et suiv. de celle du 24 juillet 1873.

parvenu à l'autorité chargée de la tenue de ces contrôles. (*C. M.* 4 *avril* 1874, *J. M. p.* 400.)

Réduction de l'effectif.

423. — Les causes de réduction de l'effectif sont :

1° La réforme ;
2° La retraite ;
3° Le décès ;
4° L'exclusion des rangs de l'armée par suite de condamnation ; — 9.
5° Enfin le passage dans la 2e réserve. — *V. en outre l'art.* 422.

424. — Les mutations sont constatées comme il a été dit à l'article 413.

425. — Les hommes qui ont terminé leur temps de service dans l'armée territoriale reçoivent un certificat constatant leur passage dans la deuxième réserve; en temps de guerre, cette mutation ne s'opère qu'après l'arrivée au corps de l'armée territoriale, des hommes de la réserve de l'armée active appartenant à la classe destinée à remplacer celle à laquelle ils appartiennent.

CHAPITRE VI.

DE LA RÉSERVE DE L'ARMÉE TERRITORIALE

OU DEUXIÈME RÉSERVE (1).

426. — La réserve de l'armée territoriale est composée des hommes qui ont accompli le temps de service prescrit pour cette armée. — 3.

Comme l'armée territoriale, la 2e réserve est formée par régions et, dans chaque région, des hommes qui y sont domiciliés.

Elle n'est appelée à l'activité qu'en cas d'insuffisance des ressources fournies par l'armée territoriale. Dans ce cas, l'appel se fait par classe et en commençant par la moins ancienne.

Libération du service.

427. — Le 30 juin de chaque année, en temps de paix, les anciens soldats *appelés* ou *substituants* qui ont terminé le temps de service prescrit pour la réserve de l'armée territoriale, reçoivent un congé définitif.

Les hommes entrés au service par la voie de l'engagement volontaire reçoivent ce congé, en temps de paix, aussitôt leur vingtième année de service révolue.

428. — Les titres de libération définitive et les certificats de bonne conduite des marins et des militaires de l'armée de mer sont envoyés, par les soins du bureau de réservistes de chaque circonscription maritime, au commandant du dépôt de recrutement du département où les hommes se sont retirés. (*Art.* 10 *du décret du* 25 *avril* 1874, *J. M. p.* 624.)

Les commandants de recrutement les font parvenir aux intéressés.

429. — En temps de guerre, on surseoit à la délivrance des congés, ainsi qu'il a été indiqué à l'article 371.

430. — En raison de la rétroactivité donnée à la loi sur le recrutement, nous croyons devoir placer ici le tableau suivant :

---

(1) Art. 36 de la loi du 27 juillet 1872; — 29 et suiv. de celle du 24 juillet 1873, J. M. p. 41.

Voir le tableau ci-contre.

TABLEAU du service imposé par la loi du 27 juillet 1872.

Hommes nés en	Classe de	Ayant tiré en	DIVERSES PORTIONS du CONTINGENT.	ARMÉE ACTIVE		RÉSERVE DE L'ARMÉE ACTIVE		ARMÉE TERRITORIALE		RÉSERVE DE L'ARMÉE TERRITORIALE	
				du	au	du	au	du	au	du	au
1836	1856	1857		......	......	......	......	......	......	1er janv. 1873	30 juin 1876
1837	1857	1858		......	......	......	......	......	......	id.	30 juin 1877
1838	1858	1859		......	......	......	......	......	......	id.	30 juin 1878
1839	1859	1860		......	......	......	......	......	......	id.	30 juin 1879
1840	1860	1861		......	......	......	......	......	......	1er juil. 1874	30 juin 1880
1841	1861	1862	Ayant été ou non compris dans les contingents fournis par ces classes.	......	......	......	......	1er janv. 1873	30 juin 1875	1er juil. 1875	30 juin 1881
1842	1862	1863		......	......	......	......	id.	30 juin 1876	1er juil. 1876	30 juin 1882
1843	1863	1864		......	......	......	......	id.	30 juin 1877	1er juil. 1877	30 juin 1883
1844	1864	1865		......	......	......	......	id.	30 juin 1878	1er juil. 1878	30 juin 1884
1845	1865	1866		......	......	......	......	id.	30 juin 1879	1er juil. 1879	30 juin 1885
1846	1866	1867		......	......	......	......	1er janv. 1874	30 juin 1880	1er juil. 1880	30 juin 1886
1847	1867	1868		......	......	1er juil. 1873	30 juin 1877	1er juil. 1877	30 juin 1882	1er juil. 1882	30 juin 1888
1848	1868	1869	Compris dans le contingent actif...	......	......	1er juil. 1874	30 juin 1878	1er juil. 1878	30 juin 1883	1er juil. 1883	30 juin 1889
			Anciens mobiles....................	......	......	1er janv. 1873	id.	id.	id.	id.	id.
1849	1869	1870	Compris dans le contingent actif...	1er juil. 1870	30 juin 1875	1er juil. 1875	30 juin 1879	1er juil. 1879	30 juin 1884	1er juil. 1884	30 juin 1890
			Anciens mobiles....................	......	......	1er janv. 1873	id.	id.	id.	id.	id.
1850	1870	1870 ou 71	Compris dans le contingent actif...	10 août 1870	9 août 1875	10 août 1875	9 août 1879	10 août 1879	9 août 1884	10 août 1884	9 août 1890
1851	1871 (1)	1872	Compris dans le contingent en vertu du décret du 5 janvier 1871.......	1er janv. 1871	31 déc. 1875	1er janv. 1876	31 déc. 1879	1er janv. 1880	31 déc. 1884	1er janv. 1885	31 déc. 1890
			Compris dans le contingent actif en 1872..........................	1er juil. 1872	30 juin 1877	1er juil. 1877	30 juin 1881	1er juil. 1881	30 juin 1886	1er juil. 1886	30 juin 1892
			Non compris dans le contingent actif	......	......	1er juil. 1872	id.	id.	id.	id.	id.
1852	1872	1873	Toute la classe....................	1er juil. 1873	30 juin 1878	1er juil. 1878	30 juin 1882	1er juil. 1882	30 juin 1887	1er juil. 1887	30 juin 1893
etc.	etc.	etc.	etc.	etc.	etc.	etc.	etc.	etc.	etc.	etc.	etc.

(1) C. M. 29 juillet et 9 septembre 1872, J. M. p. 84 et 209.

CHAPITRE VII.

DES SITUATIONS D'EFFECTIF ET DE LA MOBILISATION.

Situations d'effectif.

431. — Le Ministre de la guerre est tenu au courant de l'effectif de l'armée au moyen des renseignements suivants :

432. — Immédiatement après le tirage au sort, le préfet de chaque département lui envoie le compte rendu et l'état des inscrits sur les listes de chaque canton. — *V.* 78.

Ces documents sont complétés et rectifiés par ceux que dressent et expédient ce même fonctionnaire après la fin de la tournée de révision, (*v.* 134), et surtout par le compte numérique des jeunes soldats mis en route (*mod.* 1-74, *partie suppl., p.* 67) au moment des appels. — *V.* 195 et 265.

433. — En outre, les commandants de recrutement adressent directement au Ministre (*bureau du recrutement*), pendant les trois mois qui suivent la clôture des opérations du conseil de révision et ensuite tous les semestres, un compte rendu sur chaque classe de recrutement (*mod.* 1-74, 453). — Cette situation contient des renseignements sur le nombre des jeunes soldats compris dans les cinq parties des listes de recrutement et les positions dans lesquelles ils se trouvent : dispensés, ajournés, sous les drapeaux, etc.; sur ceux qui ont devancé leur appel ou qui ont reçu des ordres de route; sur les permutations, les substituants, les engagés; sur les tailles et les professions, en distinguant les jeunes soldats des deux portions du contingent. (*D. M.* 9 *mai* 1874, *J. M. p.* 452.)

434. Le compte des engagements volontaires de cinq ans ou pour la durée de la guerre est produit chaque année, dans les cinq premiers jours de janvier, par les sous-intendants en France, par les trois intendants d'Algérie, pour la colonie. (*V. le modèle au J. M.* 1-67, *p.* 61 et 62 *et la circ. man.* 9 *nov.* 1871, *notifiant une décision min. du* 27 *octobre précédent.*)

435. — Les commandants des bureaux de recrutement et les fonctionnaires qui en tiennent lieu en Algérie adressent au Ministre de la guerre (bureau du recrutement), quarante jours après la mise en route, un compte rendu numérique des engagés conditionnels d'un an (*mod. n°* 14 *de l'inst. du* 1er *décembre* 1872).

Voilà pour le recrutement.

436. — Les registres matricules des bureaux de recrutement et des différents corps, états-majors ou établissements, rattachent les

hommes à l'armée et signalent leurs diverses mutations, mais individuellement, sans récapitulations ; en outre, ces registres ne sont pas tenus au courant dans les bureaux du ministère. Des documents d'une autre nature sont donc indispensables au Ministre de la guerre pour connaître l'effectif de l'armée. Ces documents sont les situations que produisent les corps de troupe, les états-majors, les divers établissements militaires ou services pour les militaires en activité ; les bureaux de recrutement pour les disponibles et la réserve. Ces situations sont nombreuses et de différentes sortes. Nous nous bornerons à indiquer les principales, qui sont :

1° La situation mensuelle des officiers (*mod. n° 11, annexé à l'ord. du* 10 *mai* 1844) (1), qui indique nominativement, au 1er de chaque mois, la position de chaque officier, ainsi que le lieu de sa garnison si le corps ne se trouve pas en entier dans le même lieu. Les dates et les causes des vacances survenues pendant le mois écoulé ainsi que pendant les mois précédents jusqu'à ce que ces vacances soient remplies, doivent être relatées avec soin.

Les conseils d'administration éventuels n'établissent cette situation que lorsqu'ils se trouvent en campagne, et pour les officiers de leur portion, seulement.

La situation à fournir par les dépôts de remonte est conforme au modèle du 16 décembre 1869 (J. *M. p.* 278). Elle comprend non-seulement les officiers, mais de plus les sous-officiers comptables détachés des corps, et, en outre, elle comporte une situation détaillée de l'effectif ; c'est-à-dire qu'elle résume les documents indiqués aux alinéas 1°, 2° et 3° du présent article ;

2° La situation numérique de l'effectif, avec indication de l'emplacement du corps et de ses fractions au 1er de chaque mois (*mod.* 1-74, 199) (2). Cette situation est envoyée au Ministre *directement*, et sans lettre d'envoi (*bureau du recrutement*) le premier jour de chaque mois, par les conseils d'administration *centraux* ;

3° La situation numérique de l'effectif par bataillon, escadron, batterie ou compagnie, avec indication de l'emplacement des fractions constitutives du corps, un rapport détaillé sur les mouvements survenus dans l'intervalle d'une situation à l'autre ; enfin, une balance de l'effectif. Cette situation est adressée au Ministre (*bureau de la correspondance générale*) sans lettre d'envoi, le 1er et le 16 de chaque mois pour les portions de corps qui sont détachées de leur dépôt à l'extérieur, et seulement le premier, pour celles qui le sont à l'intérieur (*mod.* 1-66, 37). Elle n'est pas fournie par les portions centrales ;

---

(1) V. en outre, la D. M. 3 juin 1868, J. M. p. 586 ; — la C. M. 5 août 1872, J. M. p. 132. — Pour celle du personnel des établissements pénitentiaires, v. 1-72, 95, la C. M. 23 février 1872.

(2) — Pour l'artillerie (personnel), v. les modèles au J. M. t. V, p. 56 et suiv.

4° Les situations numériques des militaires de la disponibilité (*mod.* 1-74, 123) et des hommes à la disposition de l'autorité militaire, tels que jeunes soldats des classes non encore appelées, engagés conditionnels en sursis d'appel, classés dans le service auxiliaire, certains dispensés, jeunes gens en sursis d'appel, etc., etc. (*mod.* 1-74, 125), sont établies dans chaque bureau de recrutement au 1er de chaque mois et envoyées au Ministre par le commandant de ce bureau, sans lettre d'envoi, du 1er au 5 de chaque mois.

Ces situations sont indépendantes d'un état de situation (*mod.* 1-74, 124), établi deux fois par an, le 1er janvier et le 1er juillet, et présentant par année de passage dans la réserve et par subdivision d'armes, le nombre des hommes portés sur les contrôles de la disponibilité. (*V. en outre*, 1-74, 113);

5° La situation mensuelle de la réserve de l'armée active (*mod.* 1-74, 257), par arme et par année de libération. Elle est établie dans chaque bureau de recrutement et adressée au Ministre (4e bureau, réserves et armée territoriale) le 1er de chaque mois, sans lettre d'envoi. Elle est divisée en deux parties : *armée de terre et armée de mer* ;

6° Les états de décomposition de l'effectif sous les rapports : du titre en vertu duquel les militaires sont liés au service, de la taille, de la durée de service restant à faire, de l'instruction primaire, de l'âge, de l'ancienneté de service, de l'ancienneté de grade, des professions, de la quantité de promotions faites, des diverses positions des militaires en mission, du nombre des militaires libérables étant en congé, des gains et des pertes, du nombre des engagements et des rengagements effectués. Ces états, réunis en un cahier par corps ou service, sont dressés à la date du 1er janvier de chaque année et envoyés directement au Ministre le 25 du même mois, au plus tard. (*V. les modèles au J. M. t. III, p.* 485);

7° En ce qui concerne les chevaux, les corps de troupe, les établissements de remonte et les différents états-majors produisent des situations périodiquement et des états de mouvements appuyés de pièces justificatives. Nous renvoyons, à ce sujet, aux instructions du 31 mars 1849 (*J. M. t. V, p.* 14), et du 27 mars 1867 (*J. M. p.* 162.)

Mobilisation (1).

437. — Lorsqu'il y a lieu de mobiliser et de mettre sur le pied de guerre les forces militaires d'une région, le Ministre de la guerre transmet au général commandant le corps d'armée l'ordre de mobilisation de tout ou partie des hommes des diverses classes de la disponibilité et de la réserve, et de la mise en activité, s'il y a lieu, de diverses classes de l'armée territoriale. — 410.

438. — Aussitôt cet ordre reçu le général prescrit à chaque

(1) Titre III de la loi du 24 juillet 1873, J. M. p. 40.

officier commandant le bureau de recrutement de subdivision, de faire connaître immédiatement aux militaires de la disponibilité et de la réserve destinés à porter au complet de guerre les compagnies, escadrons, batteries et services du corps d'armée de la région, qu'ils aient à se rendre à leur corps dans le délai fixé par l'ordre de départ.

439. — Le commandant du bureau de recrutement fait remettre à chaque homme rappelé, l'ordre nominatif et toujours préparé qui lui prescrit de rejoindre. (*V. ci-dessus art.* 410 *et* 179.)

440. — En cas de mobilisation, la réquisition des chevaux, mulets et voitures, recensés comme il a été dit à l'art. 48, § 6°, peut être ordonnée par décret du Président de la République.

Cette réquisition a lieu moyennant fixation et paiement d'une juste indemnité.

DISPOSITIONS CONCERNANT SPÉCIALEMENT L'ARMÉE DE MER (1).

441. — Afin d'assurer le service des rappels à l'activité, chaque bureau de réservistes tient, indépendamment des contrôles indiqués ci-dessus (406), des listes de rappel établies par arme et, pour chaque arme, par classe de recrutement, puis par département.

Ces listes se composent d'un talon et d'une partie mobile. Sur le talon sont portés les nom et prénoms de l'homme, l'indication de son grade, de son régiment ou de sa division, de son numéro de matricule, de ses résidences successives ; seule, cette dernière mention n'est pas reproduite sur la partie mobile destinée à être détachée pour servir d'ordre de route.

Les listes sont tenues constamment à jour, au moyen des avis de mutations transmis aux bureaux des réservistes par les commandants de dépôts de recrutement.

442. — Dès qu'un ordre de rappel général ou partiel est donné par le Ministre de la marine, les listes auxquelles se rapportent cet ordre sont complétées; les parties mobiles sont enlevées en regard du nom des hommes qui ont été rayés pour changement de circonscription ou autre cause. Les listes sont ensuite envoyées, sans délai, aux commandants de dépôts de recrutement de chaque circonscription maritime par les bureaux des réservistes.

443. — Aussitôt après avoir reçu ces listes de rappel, chaque commandant de dépôt de recrutement fait détacher les ordres de route formant les parties mobiles de chaque liste et les fait remettre sans délai aux hommes qu'elles concernent, par les soins de la gendarmerie départementale.

Après la mise en route, les listes de rappel sont renvoyées au bureau des réservistes, d'où elles proviennent, avec indication de la date de la remise de l'ordre de route qui y était attenant.

444. — Tous les marins et militaires de la marine résidant dans

(1) Art. 13 et suiv. du décret du 25 avril 1874, J. M. p. 625.

une circonscription de réserve maritime, sont tenus de rejoindre immédiatement le port qui constitue le point de concentration de la circonscription, sans qu'il y ait lieu de tenir compte de la division ou du régiment auxquels ils auraient appartenu lors de leur service actif.

445. — Il est établi des listes spéciales de rappel pour les marins et militaires de la marine placés en congé renouvelable pendant la période de service actif.

FIN.

APPENDICE

MODIFICATIONS SURVENUES PENDANT L'IMPRESSION.

Art. 166. — Les jeunes soldats de la 2e portion domiciliés ou résidant en Algérie sont affectés à des corps de troupe du 19e corps d'armée, et, de préférence, à ceux qui sont stationnés dans les divisions où ils se trouvent. (*C. M.* 21 *mai* 1874, *J. M., partie supp., p.* 615.)

Art. 173. — Une circulaire ministérielle du 19 mai 1874 (*J. M. partie suppl., p.* 600) affecte les jeunes gens qui devancent l'appel avant que la répartition du contingent ne soit faite, à certains corps désignés à cet effet pour chaque département. Il s'ensuit que le choix des jeunes gens est limité.

En outre, cette circulaire prescrit de n'accepter pour les régiments d'infanterie de l'armée de terre que les jeunes gens qui, par leur taille et par leur aptitude physique, ne seraient pas susceptibles d'être affectés aux armes spéciales.

Art. 177. — On doit ajouter à la demande que fait le jeune soldat, à la suite du certificat qu'il est tenu de signer, et après les mots : « mon appel à l'activité, » la mention suivante : « pour « le temps de service imposé aux hommes de la première portion « de ma classe ».

Art. 240, § I° — Indépendamment de la désignation de l'arme (infanterie, cavalerie, etc.), la demande doit spécifier si l'engagé d'un an désire entrer : dans un *régiment d'infanterie* ou un *bataillon de chasseurs ;* dans un régiment de *cuirassiers* ou de *dragons,* ou de *chasseurs,* ou de *hussards ;* dans un *régiment d'artillerie* ou du *train d'artillerie.* (*C. M.* 8 *juin* 1874, *J. M., p. supp., p.* 730.)

TABLE ALPHABÉTIQUE.

NOTA. — Les numéros indiqués sont les premiers articles du sujet. Il convient donc, lorsqu'on s'y est reporté, de suivre la question dans tout son développement.

PRIX :

LES ÉCOLES MILITAIRES	Fr. 1, 40	En France, ces ouvrages ne doivent pas être vendus au-dessus de ces chiffres.
Par la poste.	1, 70	
LE SERVICE MILITAIRE	1, 65	
Par la poste.	2, 00	

On peut adresser les demandes :

A l'AUTEUR, au 3e de ligne, à Nîmes (Gard).

ou à MM. les libraires ci-après :

A Nice (Alpes-Maritimes), S. C. CAUVIN et Ce, 6, rue de la Préfecture.

A Toulon (Var), RUMÈBE, sur le Port.

A Lyon (Rhône), PELLETIER, cours Lafayette, 93, Brotteaux.

A Paris (Seine), { DUMAINE, 30, rue et passage Dauphine. / BERGER-LEVRAULT et Ce, 5, rue des Beaux-Arts.

A Nancy (Meurthe-et-Moselle), BERGER-LEVRAULT et Ce, 11, rue Jean-Lamour.

A Châlons-sur-Marne (Marne), CURY, 3, place de Ville.

A Douai (Nord), CRÉPIN, 23, rue de la Madeleine.

A Dunkerque (Nord), VANDENBUSSCHE, 4, rue des Capucins.

A Rennes (Ille-et-Vilaine), A. LEROY fils.

A Brest (Finistère), J. ROBERT, 41, rue Saint-Yves.

A Limoges (Haute-Vienne), CHARLES père, 16, rue Manigne.

A Nîmes (Gard), J. RIBÈS, 18, avenue Feuchères.

A Oran (Algérie), A. ALESSI, place Kléber.

DU MÊME AUTEUR :

…ER, formulaire à l'usage des compagnies, esca-
…le tous les corps de l'armée. — Prix : 3 francs.
…50.
…. BONNAIRE, libraire, rue Gasparin, 23, à Lyon
…us les libraires.

www.ingramcontent.com/pod-product-compliance
Ingram Content Group UK Ltd.
Pitfield, Milton Keynes, MK11 3LW, UK
UKHW022112190726
13855UKWH00002B/804

9 782012 860353